第4回
書誌調整連絡会議記録集

名称典拠のコントロール

2003

国立国会図書館書誌部　編
日本図書館協会　発行

Name Authority Control

The 4th Conference on Bibliographic Control

第 4 回書誌調整連絡会議

平成 15 年 11 月 21 日（金）
国立国会図書館　東京本館書誌部会議室

名称典拠のコントロール ： 第 4 回書誌調整連絡会議記録集 ／ 国立国会図書館書誌部編. － 東京 ： 日本図書館協会，2004.5. － 162p ； 21cm
ISBN4 － 8204 － 0407 － 5　C3300　¥1300E

t1. メイショウ　テンキョ　ノ　コントロール
a1. コクリツ　コッカイ　トショカン　ショシブ
s1. 資料整理法　①014

目　次

参加者一覧　　　　　　　　　　　　　　　　　　　　　　　　　　　3

開会挨拶　原田　公子（国立国会図書館書誌部長）　　　　　　　　　5

講演　典拠コントロールに対する需要　－CJK ワークショップの意義－　　7
　　　内藤　衛亮（東洋大学社会学部教授）

講演　共同典拠コントロール・システムの考え方　　　　　　　　　　17
　　　宮澤　彰（国立情報学研究所研究主幹）

報告　国立国会図書館の典拠コントロール　　　　　　　　　　　　　27
　　　　　－和図書個人名・団体名典拠を中心に－
　　　小池　令子（国立国会図書館書誌部国内図書課）

報告　国立国会図書館総合目録ネットワークの参加館データの現状　　35
　　　長嶺　悦子（国立国会図書館関西館事業部図書館協力課）

報告　NII（国立情報学研究所）著者名典拠の実際　　　　　　　　　43
　　　大場　高志（国立情報学研究所）

報告　TRC MARC の典拠コントロール　　　　　　　　　　　　　　47
　　　吉田　絵美子（㈱図書館流通センター）

報告　NS-MARC（ニッパンマーク）の典拠コントロール　　　　　　55
　　　　　－著者名典拠ファイルに関して－
　　　粕谷　紳二（㈱日販図書館サービス）

報告　都立図書館の典拠コントロールについて　－現状と課題－　　　63
　　　阿部　真弓（東京都立中央図書館）

報告　早稲田大学図書館の典拠コントロール　　　　　　　　　　　　71
　藤巻　俊樹（早稲田大学図書館）

報告　統合古典籍データベースにおける典拠コントロールについて　　77
　戸田　加代子（国文学研究資料館）

提起　国内名称典拠コントロールに関する考え方　　　　　　　　　　83
　那須　雅熙（国立国会図書館書誌部司書監）

提起　典拠データにおける個人情報の取扱いについて　　　　　　　　91
　坂本　博（国立国会図書館書誌部書誌調整課長）

討議　　コーディネーター：内藤　衛亮（東洋大学社会学部教授）　　95

閉会挨拶　那須　雅熙（国立国会図書館書誌部司書監）　　　　　　111

付録1　第4回書誌調整連絡会議に向けた意見交換会の記録　　　　　115

付録2　各機関における名称典拠コントロールの状況　　　　　　　118

付録3　IFLA UBCIM の活動　　　　　　　　　　　　　　　　　　128

付録4　NACO について　　　　　　　　　　　　　　　　　　　　131

付録5　個人情報保護　参考法律（抄）　　　　　　　　　　　　　137

付録6　典拠コントロール関連文献リスト　　　　　　　　　　　　149

■参加者一覧

講師

内藤　衛亮氏（東洋大学社会学部メディアコミュニケーション学科教授）
2000年から01年にかけて，「日本語，中国語，韓国語の名前典拠ワークショップ」（計3回）を主宰し，この方面における研究を大きく進展させた。また，各国で開催された典拠関係の会議にも出席し，日本の状況を報告している。関連の著作として，以下の翻訳書がある。

　Robert H. Burger 著，松井幸子，内藤衛亮共訳　『データベースの典拠作業』
　丸善，1987.12, 168p.

宮澤　彰氏（国立情報学研究所学術研究情報研究系研究主幹）
国立情報学研究所（旧 学術情報センター）のNACSIS-CAT目録所在情報システムの開発に長く携わり，共同構築型のシステムに関する著作として，以下の著書がある。

　『図書館ネットワーク：書誌ユーティリティの世界』丸善，2002.3, 193p.
　（情報学シリーズ；5）

出席者（五十音順）

阿部　真弓氏（東京都立中央図書館サービス部資料管理課目録管理担当係長）

大場　高志氏（国立情報学研究所開発・事業部コンテンツ課長）

粕谷　紳二氏（㈱日販図書館サービス図書情報製作部図書情報製作課長）

戸田　加代子氏（国文学研究資料館整理閲覧部情報サービス室情報整備係長）

藤巻　俊樹氏（早稲田大学図書館資料管理課調査役）

古川　肇氏（日本図書館協会目録委員会（目録委員長代理として出席））

本間　広政氏（日本出版インフラセンター常務理事）

吉田　絵美子氏（㈱図書館流通センターデータ部執行役員）

国立国会図書館

植月　献二（総務部企画・協力課電子情報企画室長）

原田　公子（書誌部長）

那須　雅熙（書誌部司書監）

坂本　博　（書誌部書誌調整課長）　　総合司会

小池　令子（書誌部国内図書課課長補佐）　　報告者

長嶺　悦子（関西館事業部図書館協力課総合目録係長）　　報告者

　　　　（本記録集中の所属および肩書きは、総て会議開催当時のものである）

■開会挨拶

原田　公子（国立国会図書館書誌部長）

　本日は第4回書誌調整連絡会議にご出席いただき，まことにありがとうございます。

　「書誌調整連絡会議」は書誌データの作成および提供，標準化，その他書誌調整に関する事項について関係の方々や機関と意見や情報を交換し，協議を行うための，関係機関と国立国会図書館との連絡会議として設けております。

　当館は国内の出版物を収集し，全国書誌を作成刊行するとともに，国会，行政司法各部門そして一般国民へのサービスを行っています。2002年に関西館を開館しましたが，その準備期間から現在も引き続き，情報環境の変化への対応，さまざまなユーザへのよりよいサービスの提供，関係する機関，研究者との理解・協力・協同，を核にして取組んできました。

　出版物や情報の発生・流通・利用の環境も劇的に変化している中で，書誌調整の分野では，資料・情報を組織化し求める人に的確に届けるために，つねに新しい課題への挑戦と解決が必要になっています。ご出席の方々それぞれ立場のちがいはありますが，共通するところがあるものと思います。

　この会議は平成12年度から年1回，書誌調整の分野の課題をテーマとして開催しております。これまで，全国書誌サービス，書誌コントロールの課題，メタデータの現況と課題をテーマとして，新たな状況や方向性を共有し課題を確認する機会としてきました。今後も回を重ねて定着し，書誌データ分野の国内の協力と進展に益する連絡会議，効果のある連絡会議でありたいと願っております。

　今回，第4回は典拠コントロールを取り上げました。申すまでもなく典拠コントロールは知恵と経験と実績を積み重ねてきた資料組織化，書誌情報作成の手法のひとつです。昨今，ネットワーク上を情報が流通する状況でさまざまなユーザの要求に応えるためには，機関内，ひとつのデータベース内の典拠コン

トロールだけでなく，共同と連携の仕組みの必要性がますます高まっているのではないか，ということでテーマを設定しています。

　典拠コントロールを実際に行っている機関と研究者のご出席を得て，開催できることになりました。皆様から報告をいただけることで，豊富なプログラムになりました。報告と活発な意見交換が行われ，連絡会議としての成果が得られることを期待しております。

■講演

典拠コントロールに対する需要
　－CJK ワークショップの意義－

　　　　　内藤　衛亮（東洋大学社会学部教授）

　私の報告では，2001年と2002年に3回にわたり開催した，「日本語,中国語,韓国語の名前典拠」と称するワークショップ（以下，「CJK著者名典拠ワークショップ」）について報告します。
　背景として，問題を取り巻く状況と課題，インターネットの普及によるアクセス・ポイント・コントロールの必要性，それにこたえるために，国家規模の著者名データベースの必要性を述べます。最後に，そのための組織的対応の可能性を今後の課題として論じます。

1．背景
　CJK著者名典拠ワークショップの背景として，5項目挙げました。

1	韓国人・中国人の名刺	
	（漢字・ハングルの混在，英語表記の揺れなど）	
2	インターネット以後	
	探索機会の格段の増加	
	外国情報，翻訳情報の入手の困難	
3	ボーン・デジタルと「誰でもインターネット出版者」	
4	ナショナル著者名データベース，人名データベース	
5	典拠コントロール：アクセス・ポイント・コントロール	

　インターネットの普及により，メールマガジンやFTPサイトなどインターネットでしか見られないもの（ボーン・デジタル）が出現しました。インターネット出版では，職業的出版者（プロ）と素人の出版者（アマ）が対等な立場でサービスでき，誰でもオンライン出版者になれるという環境が生み出されまし

た。また，情報探索の要求や需要も前代未聞の規模で拡大しました。国家規模の著者名データベースの必要性がここにあります。従来，図書館内部の機能とされてきた典拠コントロールは，ネットワーク情報資源をも対象としたアクセス・ポイント・コントロールとして，図書館の内外という区別をなくした社会的機能となっています。

情報社会の進展のためには，『国書総目録』や『日本全国書誌』によって出版物を総覧するのと同様に，人名を総覧するナショナルなサービスが必要なはずです。ウェブの普及やe-Learningの進展によって，小学生から新聞記者までが参照する人名サービスがあってよいはずです。ここに，国立国会図書館が作成する著者名データベースと典拠コントロールの意義があります。JAPAN/MARC作成が開始された段階で，本質的には提起されていたことであったと思います。

各国で確立された名前や，そこに導かれるさまざまな別の名前がアクセス・ポイントとなり，参照できるようなサービスがいろいろなところで展開しています。典拠コントロールという図書館の内部作業は，データベース探索サービスの開始と同時に，アクセス・ポイント・コントロールとしての機能を社会的に要求されていたと見ることができます。国立国会図書館の典拠コントロールの必要性は，ナショナルかつインターナショナルなアクセス・ポイント・コントロールとして必要とされていたのだと言えます。

2．CJK著者名典拠ワークショップ

2．1．CJK著者名典拠ワークショップの前後　－国際環境－

国立国会図書館からは，背景として海外事情を報告せよということでしたが，本来それこそは国立国会図書館が国立図書館としての立場から率先して情報を知るべき，するべきことで，私の個人的かつ断片的な知識ではとても海外事情など分かるものではありません。

典拠の話題はMARC以前にももちろんあったはずですが，ネットワーク上の書誌情報の典拠コントロールをめぐっては，1977年のカナダ，Utlasのワークショップの頃から業界で普通の話題になったと思います。それ以降，毎回のIFLA大会において話題になりましたし，私自身も関与してきました。

米国の名前典拠共同プログラム（Name Authority Cooperative Program,

NACO)[1]　については早くから報じられてきました。最近では，三浦敬子さん，松井幸子さんの論文[2]　が NACO の目的・性格・成果などについてよく報じています。NACO の発端は，1979 年の LSP（Linked System Project）事業[3]　にさかのぼりますが，それ以来およそ 20 年間，NACO を実際に見た人が日本にはあまりいないらしいという事情があります。

　IFLA の典拠コントロールをめぐる検討は，UNIMARC/Authorities[4]　は当然ですが，FRBR（Functional Requirements for Bibliographic Records）[5]　開発作業以降，新しい段階に入ったと言えるのではないでしょうか。

　日本における典拠コントロールは，1970 年代末には，国文学研究資料館で宮澤先生を中心にすでに開発・稼働していました。NACSIS-CAT が動いたのは 1984 年でした。

２．２．CJK 著者名典拠ワークショップの開催と成果

　「日本語，中国語，韓国語の名前典拠」（CJK-A）という標題のもとに，3 回のワークショップを開きました。国立情報学研究所が主催して，国立国会図書館が後援するという形で行いました。目標は，国際図書館連盟の典拠フォーマットに一致する典拠データ用の日中韓国際フォーマットとしました。これは呼びかけの段階でのキャッチフレーズにすぎず，会合を積み重ねるにしたがって，FRBR および FRANAR（Functional Requirements for Authority Numbers and Records）[6]　の進展と歩調を合わせる必要性を認識してきました。当初は開催そのものが重要であって，会合の目指すものが果たして従来型のファイル・フォーマットであるのか，業務交流のさまざまな道具や制度などの全体像を指すのかということは，必ずしも明確ではありませんでした。

　3 回開催されたワークショップの回次，報告書の ISBN，URL などです（次頁表参照）。

　極東の 5 つの国立図書館および全国的な書誌ユーティリティを招聘しました。各国の国内事情はすべて異なっていたので，これら 3 か国にある要求を満たす共通フォーマットを設計することは，もちろん目的・目標ではありますが，主たる課題というのは，お互いについて事実を発見し合う，つまりは名刺交換ということが実態でありました。

プロジェクトの目的	他国における中国語, 韓国語, 日本語の名前典拠データの標準的な, または調和のとれた累積方法を探究すること
プロジェクトの目標	IFLAの典拠フォーマットに一致する「典拠データ用日中韓国際フォーマット」
第1回 開催年月日 経　　緯	2001年1月10-11日 ・ それぞれの機関における典拠コントロールの運営状況に関して参加者の理解を深めた
第2回 開催年月日 経　　緯	2001年3月28-29日 ・ 3か国各10人計30人の著者名について比較した ・ IFLA UBCIM[7]からマリーフランス・プラサード氏を招聘し, IFLAが典拠コントロールに関して推進している活動の概要を学習した
第1・2回の報告書	「日本語、中国語、韓国語の名前典拠ワークショップ記録」米澤誠編. 国立情報学研究所, 2001 ISBN:4-924600-97-0 http://www.nii.ac.jp/publications/CJK-WS/mokuji.html
第3回 開催年月日 経　　緯	2002年3月15-18日 ・ 各機関の状況報告を行った ・ バーバラ・ティレット氏を招聘し, IFLAの活動の方向性について意見聴取した ・ 3か国共同の活動の目指すべき機能・目的や, 組織的なあり方について, 共通認識ができ始めた
第3回の報告書	「日本語、中国語、韓国語の名前典拠ワークショップ記録第3回」米澤誠［・荻原寛］編. 国立情報学研究所, 2002 ISBN:4-86049-002-9

	http://www.nii.ac.jp/publications/CJK-WS3/mokuji.html
出席者	中国国家図書館 韓国国立中央図書館 韓国教育研究情報サービス 国立国会図書館 国立情報学研究所 IFLA 国際書誌調整・国際 MARC 担当部長　マリーフランス・プラサード 米国議会図書館目録政策及び支援局長　バーバラ・ティレット

　3回も開いていながら，当初の目的であるフォーマットは未完ですが，成果を挙げるとすれば，担当者レベルの会合をすること自体ができたこと，次に書誌データの統合について情報交換ができたこと，そして共通のイメージと仕事上のカウンターパートたちの現実を知ることができたということが言えると思います。

3．今後の課題

CJK 著者名典拠ワークショップで提起された課題
- 組織面における確立
- 担当者レベルの相互理解
- 近い将来に達成すべき目標，可能性

「第4回書誌調整連絡会議」の課題
- アクセス・ポイント・コントロールのビジネス・モデル
- 担当者養成
- モニタリングの強化

3．1．CJK著者名典拠ワークショップで提起された課題

まず，CJK著者名典拠ワークショップで提起された課題について申します。名前が文化的・政治的な中核要素の一つであるために，開催すること自体が政治的な，あるいは政策的なトラブルを起こす恐れがありました。担当者が会合したからといって直接的な成果が生み出されるわけではないですが，専門家会議として，一方で知識を共有する機会となり，他方では組織運営の近代化・国際化の試金石となったのではないでしょうか。

専門家会議をこれら3か国で行うためには，資金・運営上の協力と主催者への信託，多様な国内事情と，それを踏まえた他国の専門家の洞察が必要です。たかが3回開催したくらいでは確立したとは言いにくく，当分会合を開くこと自体が挑戦です。

国立図書館は国家的責任を有しているので，当然国内志向の運営をすることになります。同時に国立図書館は，国際的な「目と耳と口」を持つことにおいて，国内的な責任を果たすことになります。これは書誌ユーティリティにも当てはまります。国家的機関は，国際的な役割を果たすことにおいて，国家的な責任を果たすことができると思います。

現場の職員が国内責任を果たすために，国際的な動向に対して感覚を研ぎ澄ます必要がありますし，他国のカウンターパートについて，面識を得て相互理解や連携を維持することは必須の作業です。

典拠コントロールの発展の方向は多様です。技術的な基盤や財政状況に大きく依存しています。特に申し上げたいのは，（1）著者名典拠ファイルはわれわれ業界独自のものであり，全国書誌作成機関あるいは全国書誌ユーティリティ，あるいは商用書誌データサービスが創生する独自のデータベースということと，（2）著者名典拠ファイルの副次的な用途――今はまだポテンシャルの状態ですが――の潜在性は高いということです。他のデータベースとリンクすることによって，効用は格段に増します。このリンク装置は，専門業界である，われわれの社会的責任を一段と明らかにするはずです。

もう一つ申し上げるとすれば，著者名典拠ファイルは言語の種類を越えた作業を要求しており，それは現になされていますが，それゆえに，各国の担当機関（カウンターパートたち）を相互理解する必要があります。

３．２．「第4回書誌調整連絡会議」の課題

　国立国会図書館に向けて提言することは，次の3点です。すなわち，アクセス・ポイント・コントロールのビジネス・モデルを確立すること。担当者を養成すること。モニタリングを強化すること。その3点です。

　JAPAN/MARC 開始以来，アクセス・ポイント・コントロールの全国展開には何度も機会がありました。2000年代初頭の今の位置付けとしては，内外の環境と需要を深刻に受け止めていただきたい。ぜひとも次の機会を逃してほしくないです。

　UBC（Universal Bibliographic Control, 世界書誌調整）の基盤は，NBC（National Bibliographic Control, 国家書誌調整）にあります。アクセス・ポイント・コントロールをそのように位置付けたうえで，ビジネス・モデルとしてとらえるべきです。

　担当者養成ですが，担当者とは，国立国会図書館内部の直接的な担当者だけを指すのではなくて，ネットワーク・システムに関係する担当者をも含みます。

　CJK 著者名典拠ワークショップのねらいは，担当者レベルの交流，次世代人材の開発でした。定常的に担当者レベルの交流を支え，次世代人材の開発を国家政策的な方向付けのもとに展開することが必要です。次世代人材の開発を強く意識した NDL 内外の人材を募った米国流のタスクフォースの組織と運営は可能でしょうか。

　モニタリングの強化についてですが，典拠コントロール開発の先行事例は多いです。国立国会図書館が率先して情報収集と戦略的判断を示すべきです。IFLA には，ワーキング・グループ・レベルでの参画が望ましいです。AAAF（Anglo-American Authority File Project）[8]，それから NACO，あるいは更に欧州，ASEAN，東アジアなど近隣諸国の動向についても，担当者レベルでの情報収集が必要です。発言・情報発信をすることによって利益確保の前提を築く必要があります。そのような活動のできる人材を発掘し，現場体験を積み重ねさせる必要があります。このことは，国立国会図書館のみならず，日本の業界全体の課題とみなすこともできます。しかし，まず第一に，国立国会図書館が国内的，国際的な「目と耳と口」を持つことが喫緊の課題です。

アクセス・ポイント・コントロールの展開について，日中韓3か国の関係者によるワークショップを開催して，それを事例として述べました。欧米よりは技術的にははるかに先行していたにもかかわらず，運営的な発想の立ち後れによって，国際的な孤立とも言うべき境遇を生み出して，国内的にさまざま課題を生み出した状況を振り返って，対策を検討する素材を提供いたしました。国立国会図書館が展開する国家規模の典拠コントロール事業の企画に参考にしていただきたいと思います。

注

1) 名称典拠共同プログラム（付録4参照）。
2) 三浦敬子，松井幸子．欧米における著者名典拠ファイルの共同作成の動向．『日本図書館情報学会誌』Vol.47, No.1, 2001.8, p.29-41. ＜当館請求記号 Z21-133＞
3) 1979年にLC, RLIN, OCLCが参加して稼動したシステム接続事業
4) IFLAが，全国書誌作成機関どうしの典拠データの国際交換を目的に開発した機械可読フォーマット。原著は1991年刊（" UNIMARC/Authorities : universal format for authorities. " K.G. Saur, 1991, 80p. ＜当館請求記号 UL631-A134＞)，邦訳は1994年刊（『UNIMARC/Authorities : 典拠ユニバーサルフォーマット』国立国会図書館，1994.3, 91p. ＜当館請求記号 UL31-E44＞)。
5) 書誌レコードの機能要件。IFLAの研究グループが提示した目録の概念モデル。目録の目的・機能を利用者の視点から再構成し，求める資料を，タイトルや著作者だけでなく媒体などからも簡単に選ぶことができることを目指す。＜http://www.ifla.org/VII/s13/frbr/frbr.htm＞ (last access 2004-04-01)

IFLA研究グループの最終報告書日本語訳（和中幹雄，古川肇，永田治樹訳『書誌レコードの機能要件』日本図書館協会，2004.3, 121p. ＜当館請求記号 UL631-H9＞)参照。
6) 典拠レコードのための機能要件と典拠番号（付録3参照）。

Activities（IFLA 世界書誌コントロール国際 MARC プログラム）の略。
8）BL における典拠レコード作成の省力化と，LC 典拠ファイルへの典拠レコード提供を目的として 1993 年に開始されたプロジェクト。前掲2）参照。

■講演

共同典拠コントロール・システムの考え方

宮澤　彰（国立情報学研究所研究主幹）

　今回は，多少抽象的なレベルでシステムというものを考えてみようと思っております。

　「典拠」という言葉は極めて変な言葉で，一般に「典拠」，英語の"authority"というと，「何かよるべきところ」という意味です。ところが，ネーム・オーソリティ，特に著者名のネーム・オーソリティというのは，よるべきところかどんどん動いている，どんどん増えていくもので，それを「典拠」という言葉で言うのは非常に誤解も与えるし，そのためにいろいろ問題も起きているのではないかという気もします。それは英語の"authority"という言葉でも全く状況は変わりませんので，その辺り，今日ちょっと抽象的にとらえてみたいと思います。

1．典拠とデータモデル
1．1．コード表現とリンク表現
　典拠と呼ばれているものをデータベースで表現するには，コードで表現するとか，リンクで表現するとか，自由テキストで表現するとか，幾つかのやり方があります。コードで表現するというのが書誌データの中で比較的よく使われているところです。図1をご覧いただければ大体何を言いたいかは分かると思いますが，国名コードというものがあって，countryというフィールドが「JP」となっていて，「JP」というコードは日本国であることが，どこか別の国名コード表で定義されている。あるいは「US」がアメリカ合衆国であると定義されている。言語コード表というものがあって，「eng」が英語で「jpn」が日本語だと定義されている。こういうものをコード表現と言うわけです。

　それに対してリンク表現というのは，抽象化しますと次のようなものです。

図1　コード表現

```
country: JP
lang: jpn
```

国名コード表
JP 日本国
US アメリカ合衆国

言語コード表
eng 英語
jpn 日本語

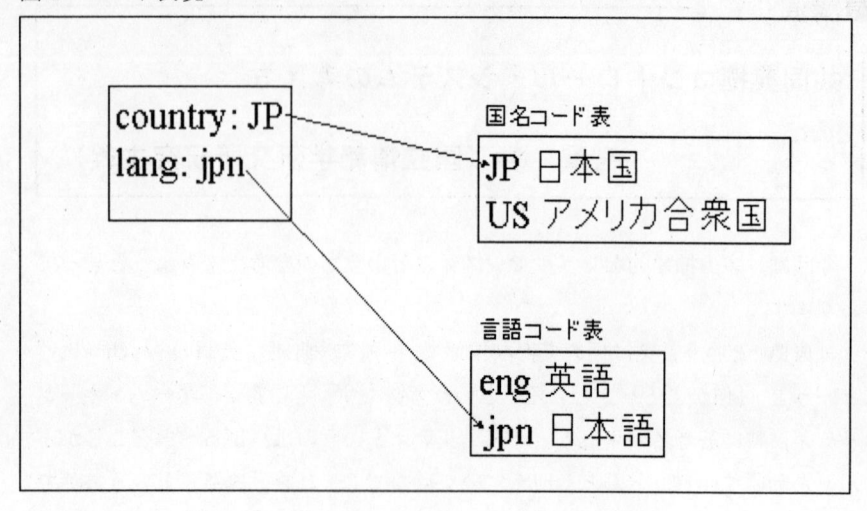

図2　リンク表現

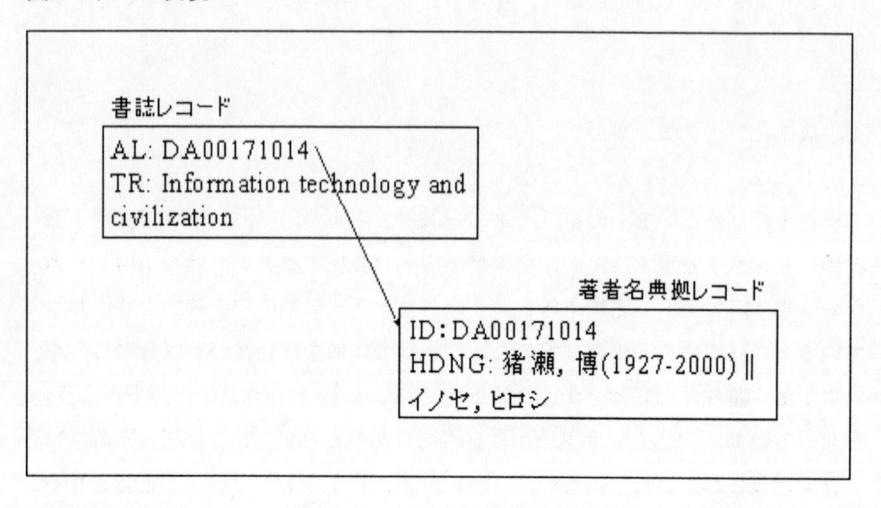

書誌レコード
AL: DA00171014
TR: Information technology and civilization

著者名典拠レコード
ID: DA00171014
HDNG: 猪瀬, 博(1927-2000) ‖ イノセ, ヒロシ

　図2はNACSIS-CATでの表現方法をちょっと変えて示していますが,「AL」が著者名のヘディングの部分だと思ってください。それがリンクになっていて, DA00171014という著者名典拠レコードのID番号を持っている。「TR」がタイト

ルおよび責任表示（title and responsibility）というフィールドになっていて，この2つのレコードの間をIDでつなぐ。

　図1（コード表現）と図2（リンク表現）は，本質的に何の違いもありません。要するに，こういうリンクで表現するということは，コード表現することと全く同じです。

　リンク以外で表現する方法にもう一つあります（図3参照）。「AL」というよりは，これは「オーサー・ヘディング」と言うべきかもしれません。

図3　オーサー・ヘディングによるコントロール

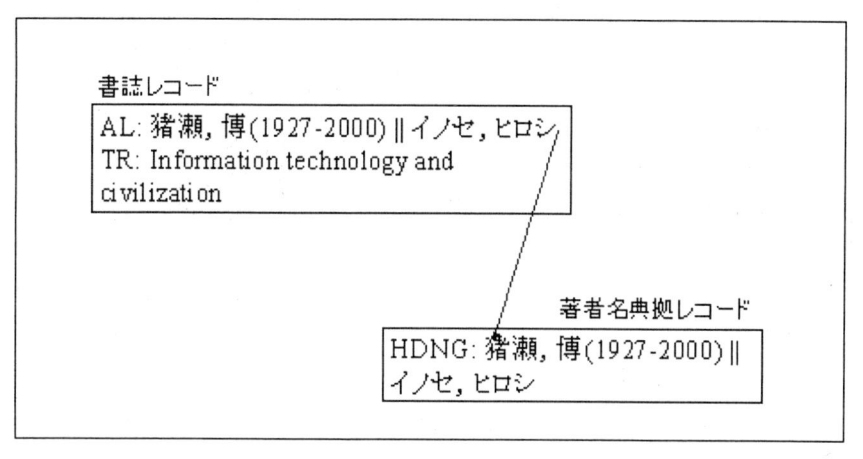

```
書誌レコード
AL: 猪瀬, 博(1927-2000)‖イノセ, ヒロシ
TR: Information technology and
civilization

                              著者名典拠レコード
                    HDNG: 猪瀬, 博(1927-2000)‖
                    イノセ, ヒロシ
```

　これはNACSIS-CATでのやり方ですが，多少変わったにしてもこのような形，すなわち，著者名のヘディング・フィールドを，カードで著者名のヘディングとして出すような形で書いておく。そのかわりに，著者名典拠レコードを，その形が必ずユニークになるようにコントロールしておく。これが，一番普通に考えられている著者名典拠ファイルの作り方です。

　図2と図3も，本質的にはどこが違うかというと，リレーショナル・データベースの用語で言うならば，IDというところにプライマリー・キーがあるか，ヘディングそのものにプライマリー・キーがあるかと，ただそれだけの違いで，プライマリー・キーでつないでいるというそのやり方には，何の変わりもありません。その意味で典拠というのは，データベース的に見ればコードと同じで

−19−

す。ただ，フリーテキストで書かれるというのとは，ちょっと別になっています。図4は集合論的な考え方をしたときの図です。

図4　集合論的考え方

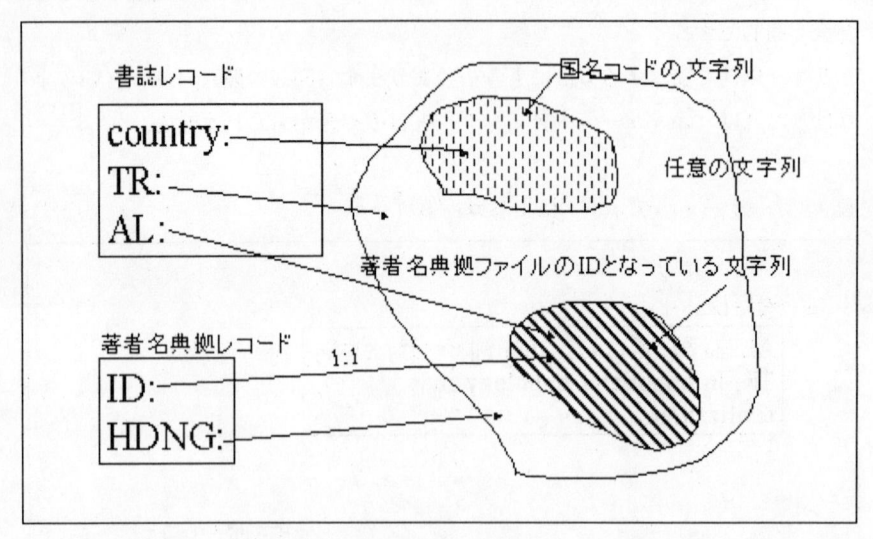

[図：書誌レコード（country:, TR:, AL:）と著者名典拠レコード（ID:, HDNG:）が1:1でリンクし、国名コードの文字列、任意の文字列、著者名典拠ファイルのIDとなっている文字列の各部分集合を指している様子]

　大きな枠として，例えばタイトルや出版者のようなコントロールされていないフィールドは，任意の文字列のどんな値を取ってもいい。それに対して，例えば country というフィールドを国名コードだとすれば，国名コードは，全部で数百しかない英字2文字の文字列すべてのうち，国名コードが取り得る一定の範囲の文字列だけが許されるわけです。で，country というフィールドは，その部分集合のところに入っていないといけない，となっているわけです。
　著者名典拠レコードの場合も全く同じで，図2では ID の方でプライマリー・キーを取って，著者名典拠と書誌ファイルとを ID というフィールドでリンクしたことを想定していますが，先ほど言いましたように，ヘディングそのものでリンクしても本質的には何ら変わるものではありません。要するに，著者名典拠レコードのプライマリー・キーになったフィールドが指しているところの，任意の文字列の中の部分集合と，その書誌レコードの「AL」という著者名のヘディングを記録するフィールドの値とが指している部分集合が，一致していな

-20-

いといけない。あるいは、さらに中の部分集合になっていなければいけない。ただそれだけの話です。

1．2．スタティック（静的）なデータとダイナミック（動的）なデータ
　ここで国名コードという例を出しましたが、国名コード表の更新は数年に一度しか行われません。例えばJISですと、前回の更新から今回までに7年ぐらいかかっていたと思いますが、その程度でも一応実用になります。それに対して、著者名典拠ファイルに対するレコードの追加・更新は、NACSIS-CATの実績で1日に約200件あります。このうちの約7割が追加で、約3割が更新ですが、この頻度で更新するものは、コード表のように何年かに一度出して済むというわけにはいきません。書誌レコードと一緒に、データベース・システムの中でいつでも変更し、維持管理していけるように作っておかないといけない。その点では、先ほど見た図4のような構図としては、コード表と著者名典拠ファイルは同じような性質を持つにもかかわらず、更新頻度を考えると、システム上は全く別の手当てが必要になります。
　現実に、更新が数年に一度のものは時々本か何かで出しても済んでいますが、毎日何百件もというのは、書誌データと一緒に更新するように作っておかないと、とても無理です。
　ところで「典拠」という言葉は、目録のほかのフィールドでも、例えば件名のフィールド（件名典拠）でも使われます。件名がどれぐらいの頻度で更新されるかは、件名表によって違いますが、BSH（「基本件名標目表」）のように何年かたってようやく更新されたというのでは、実際にはなかなか使い物にならないわけで、本当に使っているところはもっと細かい頻度で更新している。だからといって、毎日何件も出てきたりすることはないわけです。これが実際どの程度かはともかく、更新頻度が中間的なものは一体どのように扱ったらいいのか、今のところはなかなか難しい状況かなと考えております。ただし、これは著者名の典拠とは直接関係ないと思ってよろしいと思います。
　さて、ちなみに、「典拠（authority）」という言葉からすると、コード表的なイメージが一番強いわけですね。すでに表が決まっていて、その中に当てはめていけばいい。選んでいけばいい。ところが著者名典拠のような典拠はそう

ではなくて，書誌データと同じようなデータベースの一部であるという考え方をしないと，とてもやっていけません。

1．3．同一性

次に，ますます難しい問題に入ります。著者名典拠をシステムでやっていくときに必ず問題になってくるのが，同一性の問題です。「中島梓」と「栗本薫」は，同一レコードとすべきか，別レコードとすべきか。NCR（「日本目録規則」）ではこの著者が例に取り上げられていて，別レコードとされています。

参加システム間でレコードの同一性の定義を統一することは，非常に大事です。要するにその参加システムの間で，あるところは「中島梓と栗本薫は別レコード」，あるところは「同一レコードにしたい」と言われると，それを全体として扱うシステムは極めて複雑になります。同一性の定義を参加システム内で統一して，全員でその結果を統一しないと，システムが複雑になりすぎて，ものすごく大変だということを指摘したいと思います。

個人だけではなくて団体名では，例えば平成15年10月に「科学技術振興事業団」が「科学技術振興機構」になりましたが，これは同じ団体か違う団体かということは，一応みんなで統一せざるを得ないということを指摘したいと思います。

ところで，その「科学技術振興機構」の「学」の字が旧字（「學」）で書いてあったらこれは別レコードかどうか。目録規則等で何らかのガイドは示されていますので答えは出ていますが，こういうことはいつでも問題になります。

同一レコードかどうかを決めることは，標目形が参加組織ごとに違うということよりははるかに重大な問題で，この点は最初に何とかしておかないといけないと思います。

1．4．同一性（哲学）

同一性というのは哲学の問題でもあります。ここを掘り込みますと絶対に帰って来られなくなることは，プラトン以来分かっているわけです。プラトン以来ずっと議論しているにもかかわらず，だれもまだ答えは出してないのですから。

先ほどの国名コード表も，そのコード表の1エントリーは一つの国または地域であると決まっていますが，じゃあ何が国か，または地域かと言うと，それだけで戦争が起こるくらいの問題になるわけです。ちなみにJISの国名コード表の場合には，国連に下駄を預けていて，そこで決めたものに従ってやる。ISO 3166[1]はそのように決まっている。ちなみに，パレスチナはまだ国や地域ではありません。

2．集中システムと分散システム

　図5に書きましたのは，非常に簡単な図です。

　左が集中システムで，1箇所にセンターがあって，ほかの機関は全部そこことやりとりして機能を果たしている。右が分散システムで，機関数は同じですがセンターがなくて，お互い全部でやりとりする。参加機関が5つだとこの程度で済みますが，10になると途端に図6のようになります。

図5　集中システムと分散システム（5機関）

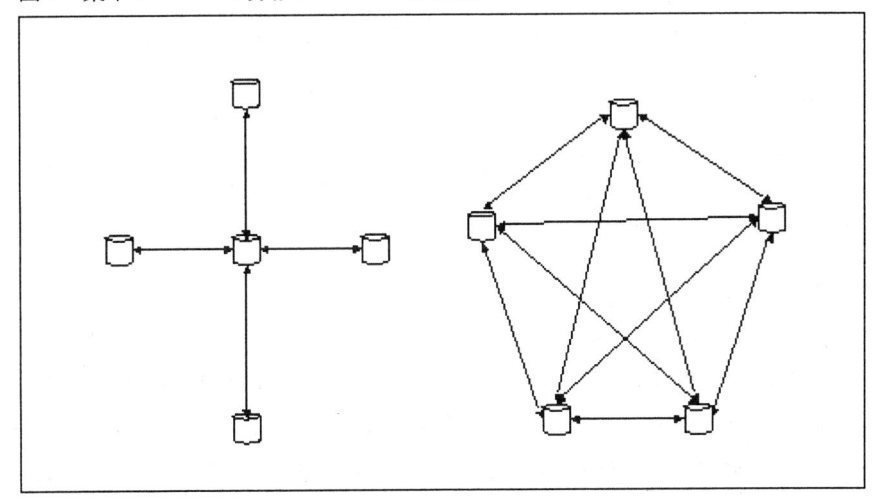

－23－

図6　集中システムと分散システム（10機関）

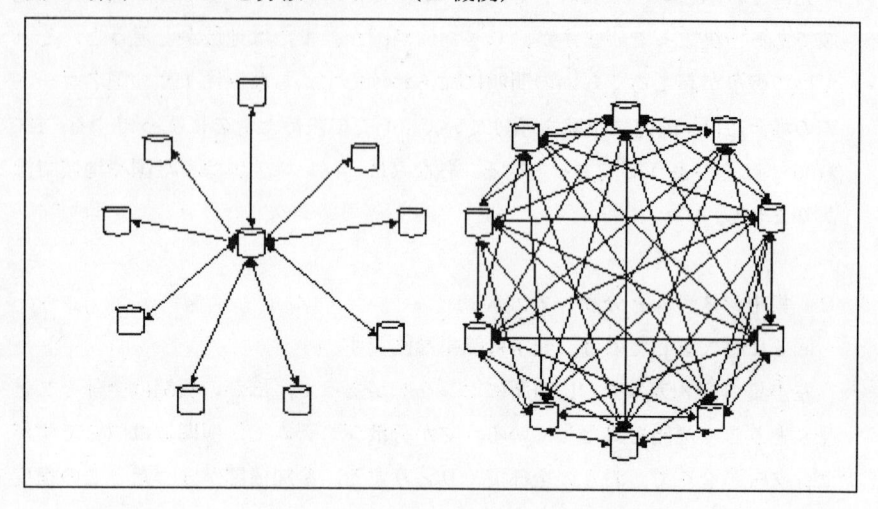

　参加機関が多くなると，集中システムではセンターにボトルネックができやすく，システムの動きが制限されます。また，分散システムでは参照の手順が複雑になり，今のインターネットのスピードと到達性をもってしても，完全な同期が難しくなります。

　ただし，すべての機能をどちらかにしなければいけないわけではないので，ここで決める必要はありません。

3．ヒューマン・インタラクション
　次に，今ここで完全にでなくてもいいのですが，これからシステムを考えるときに洗い出しておかなくてはいけないこととして，人間が何をやるのかということがあります。少なくとも，ソフトウェア的に同じものや似たものを見つける，いわゆる「名寄せ」の技術は，最近かなり進歩してきています。でも，幾らそれをやっても，人間がやらなくてはいけないことは絶対に残ります。発見時や確認時に，同じ人であるか，同じ団体であるかを確認するのは，最終的には人間がやらざるを得ません。
　それから，読みがどこかにあればいいですが，ない場合には何とかする。な

い場合に，どうすれば読みが確定できるかということは，今のところ，人間以外はできない仕事だと思います。

それから，記録されたレコード，もちろんリンクした書誌レコードを含めて，その中だけで判断できないときに，あとはどこに何を調べにいけばいいか，これも絶対に人間でないとできない仕事の一つです。

そのような洗い出しを，これからやっていかなければいけないということを指摘しておきます。

4．国際的な展開

最後に，このシステムで考えなくてはいけない外側の要件として，国際的な展開を視野に入れておく必要があるということを挙げておきたいと思います。

VIAF[2]というプロジェクトがあります。これは，アメリカ議会図書館(Library of Congress, LC)，ドイツ図書館（DDB）[3]，OCLC[4]が中心になってやっています。

ほかにも幾つかありますが，もう一つだけ挙げておきますと，LEAF[5]というプロジェクトがあります。これはヨーロッパ，EU内のプロジェクトで，ベルリン国立図書館[3]がコーディネーターになって，オーストリア，ポルトガル，スペイン等が入っている。おもしろいですね。同じドイツの国立図書館でもドイツ図書館があちらでやると，ベルリン国立図書館がこちらでやっていたりして，ヨーロッパもなかなか複雑なようです。

これだけにとどまらないですが，ともかくこのような国際的な関係を視野に入れて，始めるときから見ておく必要があるということだけを指摘いたしました。

注

1）ISO 3166-1:1997 Codes for the representation of names of countries and their subdivisions. part 1. Country codes.

2）Virtual International Authority File（ヴァーチャル国際典拠ファイル）の略。次の文献を参照。

デジタル環境における目録作成　バーバラ・B・ティレット米国議会図書館目録政策・支援室長講演会報告.『国立国会図書館月報』　No.496，2002.7，p.20-25. ＜当館請求記号 Z21-146＞

3）1912年にドイツ書籍業組合が設立したドイチェビューヘライ（Deutsche Bücherei）を起源に持つ図書館。第二次大戦後，所在地のライプチヒが東ドイツに編入されたため，1946年西ドイツのフランクフルト・アム・マインに新たにドイツ図書館が設立され，2館の並立状態が続いたが，ドイツ再統一に伴って1990年に両者は統合され，現名称となった。他に，ベルリン・ドイツ音楽資料館も所属する。(『図書館情報学用語辞典』第2版,丸善,2002.8. ＜当館請求記号 UL2-G14＞)

4）Online Computer Library Center. ＜http://www.oclc.org/＞ (last access 2004-03-11)

5）Linking and Exploring Authority Files の略。ヨーロッパ各国の図書館等による名称典拠コントロールのプロジェクト。
＜http://www.crxnet.com/leaf/index.html＞ (last access 2004-03-11)

■報告

国立国会図書館の典拠コントロール
 －和図書個人名・団体名典拠を中心に－

小池　令子（国立国会図書館書誌部国内図書課）

1．目録作成システム

　当館では，2002年度の関西館開庁に伴い，「電子図書館基盤システム」を構築しました。図1の概念図をご覧ください。

図1　国立国会図書館電子図書館基盤システム（概念図）

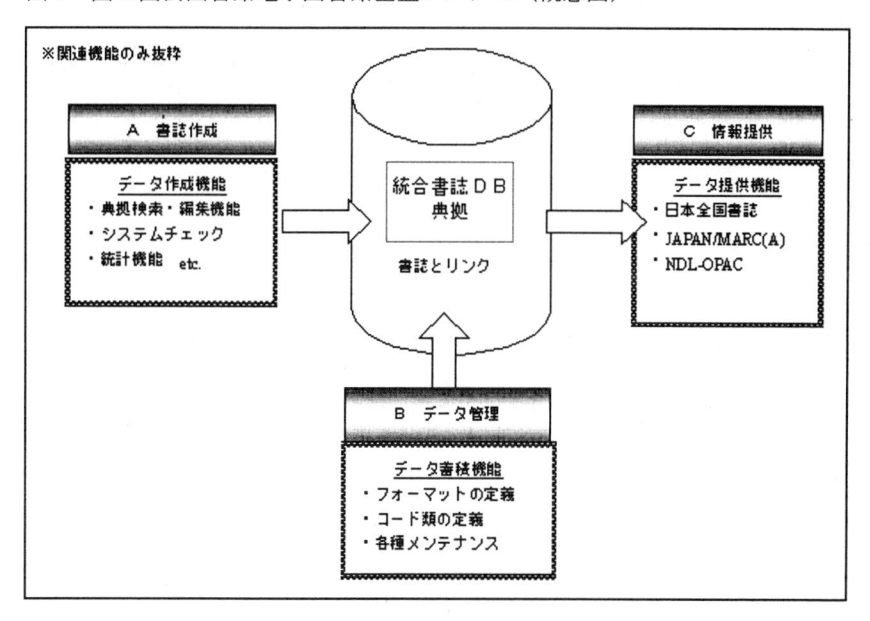

　2003年1月からは，同システムの書誌作成機能により「統合書誌データベース」への入力を行っています。著者名と件名の典拠データは所蔵資料に基づいて作成されますが，統合書誌データベース内に典拠ファイルを構築することにより典拠コントロールを行っています。また，統合書誌データベースにおける

典拠データは書誌データと典拠IDを介してリンク関係にありますので,標目訂正が自動的に書誌データに反映され,データの維持管理もしやすいシステムとなっています。

2. 典拠データの作成

作成基準は『日本目録規則1987年版　改訂版』に準拠し,標目の選択基準等は一部当館ホームページ[1]にも掲載されていますが,このほか実務的な内部マニュアルもあります。当館は納本制度による網羅的収集のため,さまざまな形態の資料が納入されます。その中で,現在典拠コントロールを行っているのは次の資料群です。

- 和図書（明治期以降）
- 国内刊行洋図書
- 電子資料（和、単行）
- 電子資料以外の非図書（和、単行）
- 地図資料（和）
- 和古書（江戸期以前）

和図書は歴史も古く,当館蔵書のうち非常に大きな割合を占めるものですが,遡及入力時にも典拠を作成,リンクすることにより,著者名・件名の標目はすべて典拠コントロールされるようになりました。また,典拠ファイル中,著者名と件名が同一にもかかわらず,標目形が異なるものもありましたが,2002年度の統合書誌データベースへの移行を機にほとんど統一しました。現在も,著者名と件名が同一の場合は標目形を統一するという方針で典拠を作成しています。

3. 典拠作業

典拠作業は,図2（p.32-33）のとおり,書誌作成の標目確定の過程で行われています。

図3-1 データ例（統合書誌データベース）

タグ	名称	入力値
ID	典拠ID	00045685
RS	レコードの状態	2:更新
RM	典拠ステータス	02:承認済
SH	標目確立状況	xa:典拠レコード/確立標目
KH	標目詳細コード	j:日本人名(明治期以降)
AU	著者標目使用	0:著者標目に使用
SU	件名標目使用	0:件名標目に使用
200A	名称(個人名典拠)	宮沢//賢治
200AY	名称よみ(個人名典拠)	ミヤザワ,ケンジ
200F	生没年(個人名典拠)	1896-1933
400A	名称(個人名「を見よ」)	みやざわ//けんじ
400AY	名称よみ(個人名「を見よ」)	ミヤザワ,ケンジ
400A	名称(個人名「を見よ」)	宮澤//賢治
400AY	名称よみ(個人名「を見よ」)	ミヤザワ,ケンジ
400A	名称(個人名「を見よ」)	Miyazawa//Kenji
400AY	名称よみ(個人名「を見よ」)	Miyazawa,Kenji
400A	名称(個人名「を見よ」)	Kenji Miyazawa
400A	名称(個人名「を見よ」)	宮沢//賢治
400AY	名称よみ(個人名「を見よ」)	ミヤザワ,ケンジ
400TN	名称種別(個人名「を見よ」)	a:以前の標目
686CD	代表分類法区分	08:NDC(9)
686A	代表分類記号	910.268
686CD	代表分類法区分	09:NDC(8)
686A	代表分類記号	910.268
686DC	代表分類法区分	10:NDC(6)
686A	代表分類記号	910.28
686CD	代表分類法区分	02:NDLC
686A	代表分類記号	KG567
810A	初出タイトル	宮沢賢治童話集
811A	根拠	文化人名録
830CD	典拠レコード注記区分	830:一般注記
830A	典拠レコード注記	詩人,童話作家
ED	新規作成年月日	1979/4/1 0:00
EID	作成者ID	ANCAT
UD	最終更新年月日	2003/10/8 17:06
UID	更新者ID	kokut122
UC	更新者ID	6
RD	校了日	1999/11/24

図 3-2 データ例（JAPAN/MARC(A)）

```
00986nx   2200325   45
001 0009 00000  00045685
005 0017 00009  19991124104800.0
100 0028 00026   $a19991124ajpnc0112   da
152 0009 00054   $aNCRT
200 0040 00063  1$6a01$a宮沢$b賢治$f１８９６-１９３３
200 0032 00103  1$6a01$7dc$aミヤザワ,$bケンジ
200 0030 00135  1$6a01$7ba$aMiyazawa,$bKenji
400 0026 00165  1$6a01$aみやざわ$bけんじ
400 0032 00191  1$6a01$7dc$aミヤザワ,$bケンジ
400 0030 00223  1$6a01$7ba$aMiyazawa,$bKenji
400 0020 00253  1$6a02$a宮澤$b賢治
400 0032 00273  1$6a02$7dc$aミヤザワ,$bケンジ
400 0030 00305  1$6a02$7ba$aMiyazawa,$bKenji
400 0023 00335  1$5a$6a03$a宮沢$b賢治
400 0032 00358  1$6a03$7dc$aミヤザワ,$bケンジ
400 0030 00390  1$6a03$7ba$aMiyazawa,$bKenji
686 0025 00420   $aＫＧ５６７$2ＮＤＬＣ
686 0033 00445   $a９１０．２６８$2ＮＤＣ（９）
686 0033 00478   $a９１０．２６８$2ＮＤＣ（８）
686 0031 00511   $a９１０．２８$2ＮＤＣ（６）
801 0047 00542  0$aJP$bNational Diet Library,JAPAN$c20030423
810 0019 00589   $a宮沢賢治童話集
810 0021 00608   $a根拠：文化人名録
830 0019 00629   $a詩人，童話作家
911 0012 00648   $ap$ba$cs
```

　そして，典拠作業の際には，人名録などを作成するのではないとの観点から，同定識別に必要な最小限の情報を記録するという方針で行っています。ですから，逆に生年や専攻，職業が分からない個人名については，手掛かりになりそうなささいな情報も非公開情報として記録しています（図4参照）。また識別の情報がない場合は，著者等に問い合わせます。近年は個人情報の公開が問題となっていますので，当方の趣旨と共にインターネットで公開されることを伝えて，できるだけご理解いただくように努めています。

図4　非公開情報

```
①個人のプライバシーに関すること，変更しうる一時的な情報
　例　公開できない生年，職業
　　　出身地、在住地（市区町村名レベルまで）
　　　学歴（専攻、卒業年とともに記録），在学中（専攻も）であること
②不確実な情報
　例　「19〇〇年当時△△才」など，生年を推測できる情報
　　　「19△△生の表記もあり」（付記事項の生年との誤差が1～2年の
　　　とき）
③その他，同定識別の際補助となるような情報
　例　典拠番号12345678とは別人
　　　19＊＊年～日本在住
　　　それまでの著作分野と異なる著作もある場合，「句集の著作もあり」
　　　など
```

　このほか標目形の選択基準，同一名称の区別や二つ以上の名称を持つ個人・団体の参照の基準などがあります。詳しくは付録2をご覧ください。
　文字について申しますと，1977年入力開始以来採用してきたJIS78[2]に代えて，当面JIS78の範囲ではありますが，JIS90[3]による入力を始めました。しかし，書誌情報の国際流通を見据えると，将来的にはUCS[4]を視野に入れることが課題だと考えています。

図2 和図書典拠作業フロー

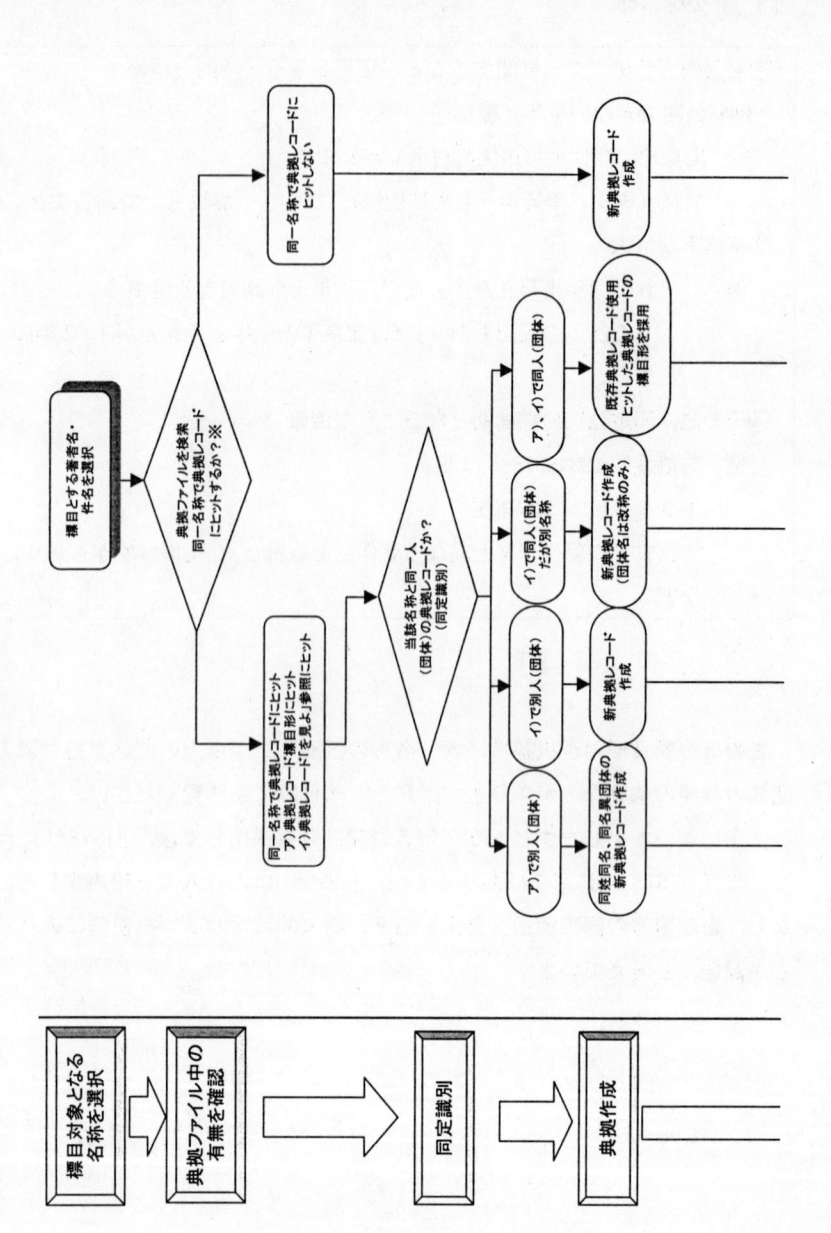

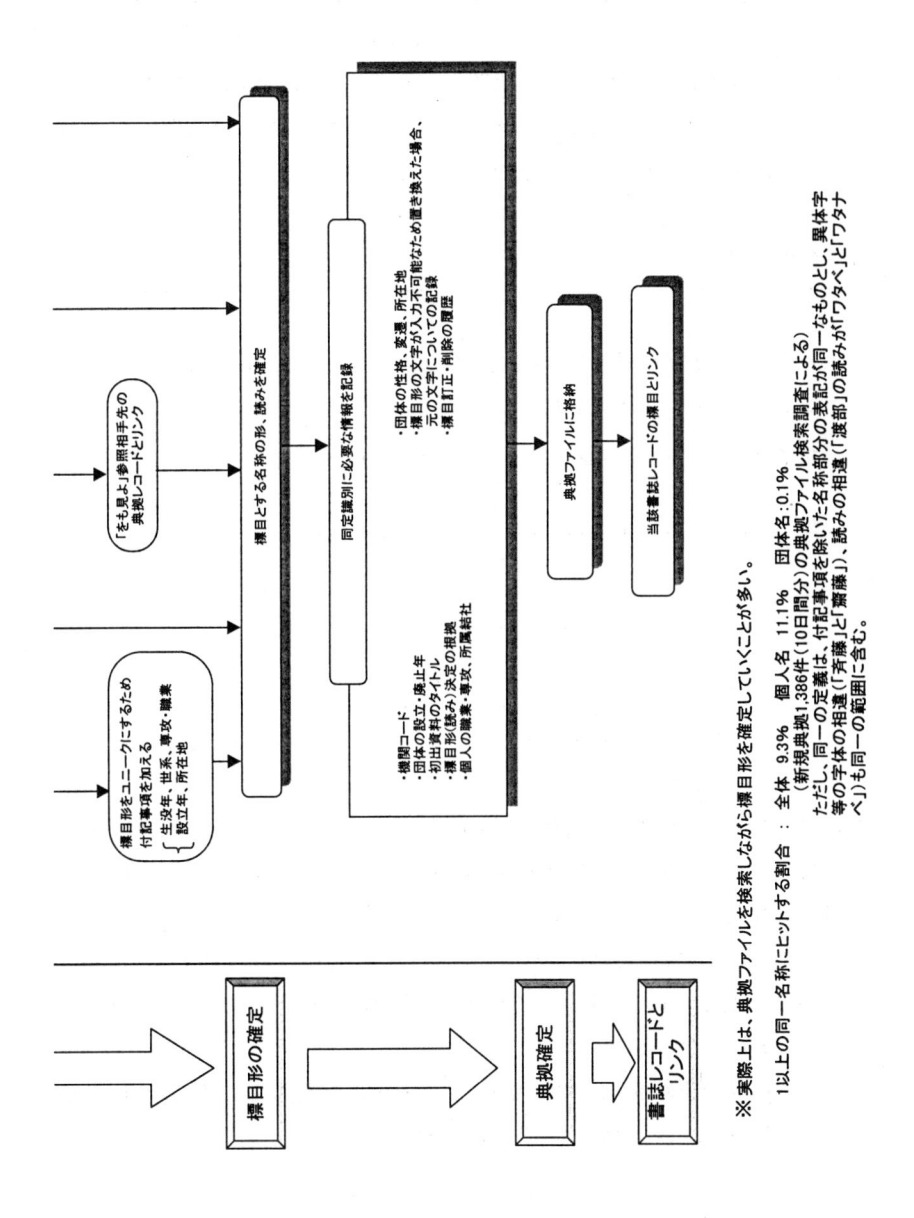

※実際上は、典拠ファイルを検索しながら標目形を確定していくことが多い。

1以上の同一名称にヒットする割合：全体 9.3％　個人名 11.1％　団体名：0.1％
（新規典拠1,386件（10日間分）の典拠ファイル検索調査による）
ただし、同一の定義は、付記事項を除いた名称部分の表記が同一ーなものとし、異体字等の字体の相違、付記事項の相違（「斉藤」と「齋藤」）、読みの相違（「渡部」のヨミが「ワタベ」とワタナベ」）も同一の範囲に含む。

4．典拠ファイルの提供

　冒頭の概念図にも示した通り，当館は蓄積した典拠データを「JAPAN/MARC(A)」として提供しています。そのマニュアルの最新版[5]が2003年10月に刊行されました。このほか，NDL-OPACでは典拠ファイルを通した検索により典拠コントロールされた著者や件名が有効に活用されているなど，典拠は大量のデータの効率的な検索に欠かせないものとなっています。

5．今後の課題

> より充実した典拠の提供のために、以下の事項が課題である。
> ・典拠コントロールの対象とする資料群の拡大
> ・典拠コントロールの対象とする著者の範囲の拡大

注
1)「国立国会図書館ホームページ」－「図書館員のページ」－「書誌データの作成及び提供」＜http://www.ndl.go.jp/jp/library/data_make.html＞（last access 2004-02-05）
2) JIS C 6226:1978 「情報交換用漢字符号系」（1987年3月1日廃止）
3) JIS X 0208:1990 「7ビット及び8ビットの2バイト情報交換用符号化漢字集合」
4)「国際符号化文字集合 (Universal Multiple-Octet Coded Character Set)」 1993年ISO/IEC 10646-1として制定，日本ではこれを1995年JIS X 0221としてJIS規格化した。
5) 国立国会図書館編『JAPAN/MARC マニュアル：典拠編』国立国会図書館, 2003.10, 187p. ＜当館請求記号UL31-H7＞

■報告

国立国会図書館総合目録ネットワークの参加館データの現状

長嶺　悦子（国立国会図書館関西館事業部図書館協力課）

「国立国会図書館総合目録ネットワーク」システムの現状をご報告します。

1．総合目録データベースの概要

総合目録ネットワークは，公共図書館を対象にしたネットワーク・システムです。都道府県立および政令指定都市立図書館の和図書の書誌データと所在データを収録した，集中型総合目録データベースをシステムの核としています。現時点では，データベースはネットワーク参加館以外には非公開です。現在のデータ提供館，収録書誌データ数は図1のとおりです。

図1　総合目録データベースの現状（平成15年11月14日現在）

- データ提供館　　48館
  - 内訳　国立国会図書館　　　1
  - 　　　都道府県立図書館　　41
  - 　　　政令指定都市立図書館　6
- 基本書誌数　：7,555,489件
  - ＊　総書誌数25,312,165件を上記基本書誌（検索対象となる基本のデータ）に統合。
  - ＊　同定書誌（不採用書誌）もDBにそのまま保持し，システム画面上で参照可能。

現在，総書誌数約2,500万件を収録していますが，それらを基本書誌数約750万件に統合しています。なお，他館の書誌に同定され不採用となった書誌もそのままデータベースに保持しており，画面上で参照できるようになっています。

データベースの構築方法ですが，データ提供館がデータファイルを総合目録サーバにftp転送しますと，ファイル受付，書誌データ登録，同定処理までの一連の流れが総合目録システム側で機械処理されます。データベースを構築，運用している国会図書館側，および参加館である公共図書館側に生じる業務上の負担を考慮し，人手をかけない方針としています。

2．総合目録データベースの同定処理

集中型データベースの構築にあたっては，まず，MARC番号による書誌データのマッチングを行います。MARC番号で同定ができなかった場合にはISBNと出版年と巻次で，これらのユニークキーでも同定ができないと文字列によるマッチングを行う，というフローになっています（p.40-41 図2参照）。

同定処理フローにおいては，著者・編者を一切キーとして採用していません。本日は典拠をテーマとした会議ですが，当総合目録参加館間では著者・編者のデータ統一は行われておりません。このため，同定キーへの採用には耐えないと判断しています。その前提の基に，現在のデータベースの現状をご紹介します。

3．提供館データの現状
3．1　データ・フォーマット

参加館のデータは，各参加館で「総合目録共通フォーマット」に変換してから提供されます。国立国会図書館および総合目録システム側では，参加館のデータを一切加工しません。基本書誌については，お送りいただいたデータ内容がほぼすべて参照できます。

3．2　著者標目

当総合目録では典拠コントロールを行っておりません。参考までに，アクセ

ス・ポイントの検索事例を図3に挙げてみました。「シェイクスピア」を思いつく限りの条件で検索した結果です。ご覧の通りばらつきがあります。また「沙翁」など，漢字検索でもヒットする場合があります。

図3　「シェイクスピア」の著作を総合目録で検索（著者名検索）　　単位:件

検索条件：著者 （システムが正規化）	ヨミ検索 （完全一致）	漢字検索 （前方一致）	備　　考
SHAKESPEARE	1632	1206	
シエクスピア	1373	474	「シェークスピア」等
シエクスピヤ	2	175	「シェークスピヤ」 「シェークスピーヤ」等
シエイクスピア	928	455	「シェイクスピア」
シエイクスピヤ	0	0	「シェイクスピヤ」
セキスピア	0	0	
沙士比阿	－	0	
寒格斯比亜	－	0	
西基斯比亜	－	1	
沙翁	－	11	

　※　姓のみを検索条件としたため，上記には「Shakespeare, William (1564-1616)」以外も含まれる。

　※　総合目録システムの画面上で確認できる著者標目は，「基本書誌」のもののみ。

また，図4,5の夏目漱石の事例は，同じ図書館のデータでも，必ずしも統一が取れているわけではないという例になります。実は，国立国会図書館の著者標目も，データ整備の結果が一部反映されておらず，付記事項の生年が付いていたり，付いていなかったりと統一がとれていません（図4参照。ただし，平成16年3月の総合目録データベース再構築で解消）。また，参加館の書誌も「金之助」でヒットする場合，「漱石」でヒットする場合と，さまざまです。

図4 国立国会図書館書誌の著者標目

	著者標目（カナ）	著者標目（漢字）
2003年1月19日 以降提供データ	ナツメ, ソウセキ(1867-1916)	夏目‖漱石(1867-1916)
上記以前の 提供データ	ナツメ, ソウセキ	夏目‖漱石

図5 参加館書誌の著者標目

図書館	MARC	書誌記述	著者標目（カナ）	著者標目（漢字）	備考
県立①	TRC	夏目金之助‖著	ナツメ, ソウセキ	夏目‖漱石	1917年刊
政令A	TRC	夏目　金之助／著	ナツメ, キンノスケ	夏目‖金之助	2002年刊
県立②	NPL	夏目金之助→ナツメ, ソウセキ　夏目漱石／著	ナツメ, キンノスケ	夏目‖金之助‖ ナツメ‖ソウセキ‖夏目‖漱石	2001年刊
県立③	付与無	夏目金之助／著	ナツメ, ソウセキ	夏目‖漱石	1917年刊
県立④	付与無	夏目金之助／著	ナツメ, キンノスケ	夏目金之助	1914年刊
県立⑤	付与無	夏目‖金之助‖著	ナツメ, キンノスケ	夏目‖金之助	1920年刊
県立⑥	付与無	夏目‖金之助／著	ナツメ, キンノスケ	夏目‖金‖之助	1916年刊
	付与無	Ｓｏｓｅｋｉ‖‖Ｎａｔｓｕｍｅ／著	ナツメ, ソウセキ	Ｓｏｓｅｋｉ‖Ｎａｔｓｕｍｅ	国内刊行洋書
県立⑦	付与無	夏目金之助→ナツメ, ソウセキ　夏目漱石／著	ナツメ, キンノスケ	夏目‖金‖之助‖ナツ‖メ‖ソウ‖セキ‖夏目‖漱石	1926年刊
県立⑧	付与無	$F夏目　漱石／著 $F夏目　金之助／著作	$Aナツメ, ソウセキ $Aナツメ, キンノスケ	$B夏目‖漱石 $B夏目‖金之助	1918年刊
県立⑨	付与無	夏目　漱石／著	ナツメ, キンノスケ	夏目‖金之助	1982年刊
政令B	付与無	ナツメ　ソウセキ	ナツメ, ソウセキ	ナツメ‖ソウセキ	漢字形を記述から流用

※　著者名（漢字形・前方一致）「夏目金之助」の検索結果　：　94件

※　総合目録システムの画面上で確認できる著者標目は、「基本書誌」のもののみ。

※　県立＝県立図書館，政令＝政令指定都市立図書館

3．3　著者標目が不統一である原因

　このようなばらつきの理由として，まず変換元のデータの問題が考えられます。各データ提供館，特に県立図書館は歴史の長いところが多く，時代によって資料整理の基準が多様だという点があると思います。

　2番目の理由としては，MARCを使用している図書館でも，各図書館システムへの登録の際にMARCデータにそれぞれ修正を加えています。このことが図書館ごとのデータの差になって表れていると思います。

　3番目の理由としては，「総合目録共通フォーマット」への変換プログラムの存在です。例えば，時代によって使用しているMARCが違う，または複数のMARCを使い分けている場合に，同じ変換プログラムを通しても必ずしも同じ結果にならない状況があるようです。また，「総合目録共通フォーマット」変換後のデータに対して厳密なチェックを行っている図書館が残念ながらあまりないのでは，という感触を持っています。図書館によっては，一部時代のデータの形が異なりすぎていて，総合目録データベースに収録できないというお話をいただくこともあります。

　参加館内部での典拠コントロールの実態については，こちらではつかみかねるのですが，典拠MARCを購入していても，総合目録提供データへの取り込みはあまりされていないのかもしれません。

　また，先ほど「同一図書館から提供されるデータでも，データの作成方法，年代等によって必ずしもデータが統一されていない」と申し上げましたが，カードからの遡及入力や地域資料などといった自館作成データ，特に遡及データの場合に，アクセス・ポイントの形が異なる例が多く見受けられると思います。

4．典拠コントロールへの要望

　当総合目録に対する典拠コントロールへの要望は，参加館から非常に多くいただいております。しかし現在，総合目録データベースの構築をすべて機械処理で行い，参加館データを加工しないという仕組みの中では限界があります。要望に応えるためには，別の手立てを考える必要があると考えております。

図2 総合目録ネットワーク 書誌同定処理フローチャート

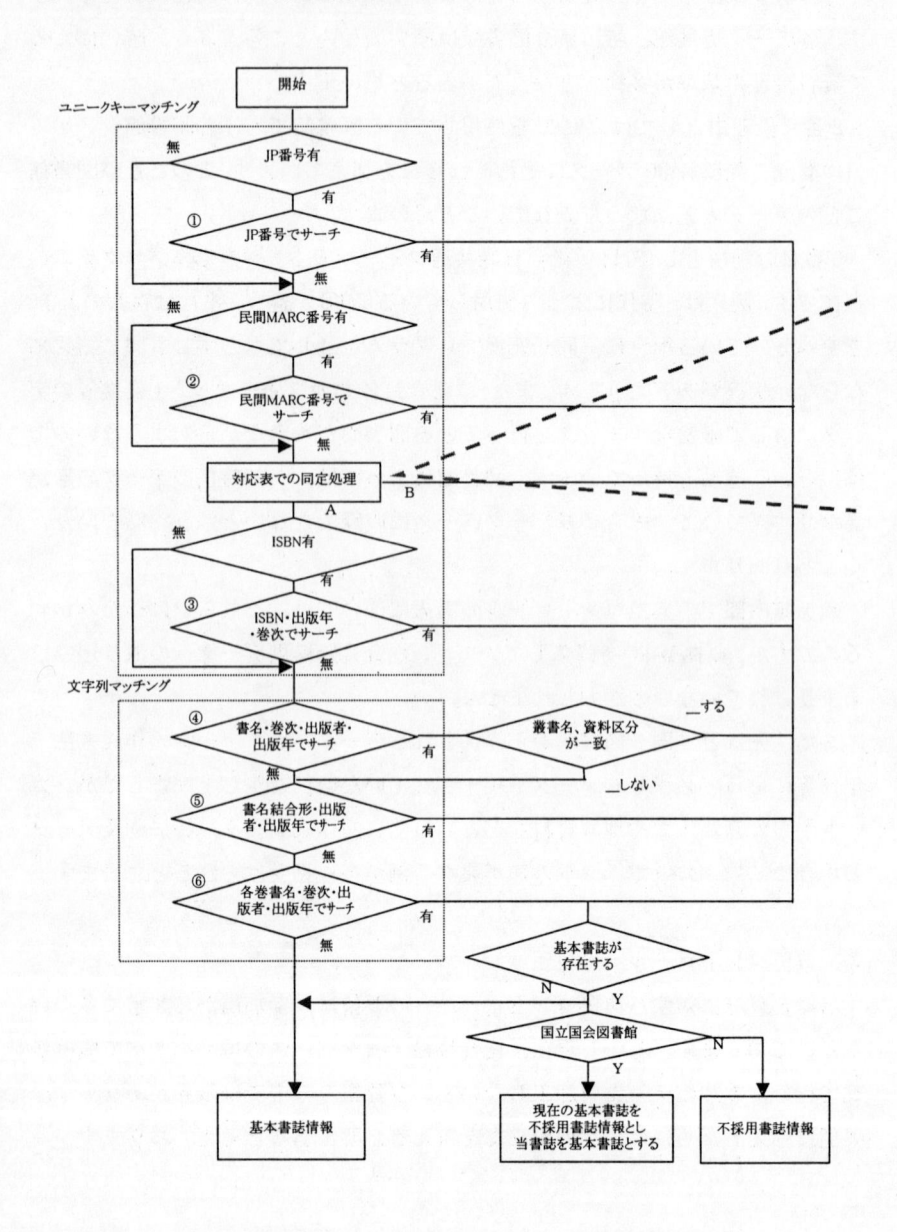

```
                         ┌──────┐
                         │ 開始 │
                         └──┬───┘
  ユニークキーマッチング      │
  ┌─────────────────────────┼──────────────────────┐
  │          無    ◇ JP番号有                       │
  │       ┌───────          │                       │
  │       │            有   │                       │
  │     ① │         ◇ JP番号でサーチ ──有──────────┼──→
  │       │                 │無                     │
  │       │    無  ◇ 民間MARC番号有                 │
  │       │ ┌──────         │有                     │
  │     ② │ │     ◇ 民間MARC番号で ──有────────────┼──→
  │       │ │        サーチ   │                     │
  │       │ │                │無                    │
  │       │ │   ┌────────────────────┐              │
  │       │ │   │ 対応表での同定処理 │              │
  │       │ │   └──────┬──A─────B────┼──────────   │
  │       │ │    無  ◇ ISBN有                       │
  │       │ │  ┌──────       │有                    │
  │     ③ │ │  │   ◇ ISBN・出版年 ──有─────────────┼──→
  │       │ │  │      ・巻次でサーチ                │
  │       │ │  │          │無                       │
  └───────┼─┼──┼──────────┼───────────────────────┘
  文字列マッチング
  ┌───────┼─┼──┼──────────┼──────────────────────────────┐
  │     ④ │ │  │   ◇ 書名・巻次・出版者・          ◇ 叢書名、資料区分  ─する──→
  │       │ │  │      出版年でサーチ ──有──────→    が一致
  │       │ │  │          │無                       └─しない
  │     ⑤ │ │  │   ◇ 書名結合形・出版 ──有──────────────────────────→
  │       │ │  │      者・出版年でサーチ
  │       │ │  │          │無
  │     ⑥ │ │  │   ◇ 各巻書名・巻次・出 ──有─────────────────────────→
  │       │ │  │      版者・出版年でサーチ
  │       │ │  │          │無
  └───────┼─┼──┼──────────┼──────────────────────────────┘
          │ │  │          │         ◇ 基本書誌が
          │ │  │          │            存在する
          │ │  │          │         N ┌─┴─┐ Y
          ←─┴──┴──────────┘           │    │
                                      │    ◇ 国立国会図書館
                                      │    Y┌─┴─┐N
                                      │     │   │
                                      ↓     ↓   ↓
                              ┌──────────┐ ┌──────────────┐ ┌──────────────┐
                              │基本書誌情報│ │現在の基本書誌を│ │不採用書誌情報│
                              └──────────┘ │不採用書誌情報とし│ └──────────────┘
                                           │当書誌を基本書誌とする│
                                           └──────────────┘
```

対応表での同定処理

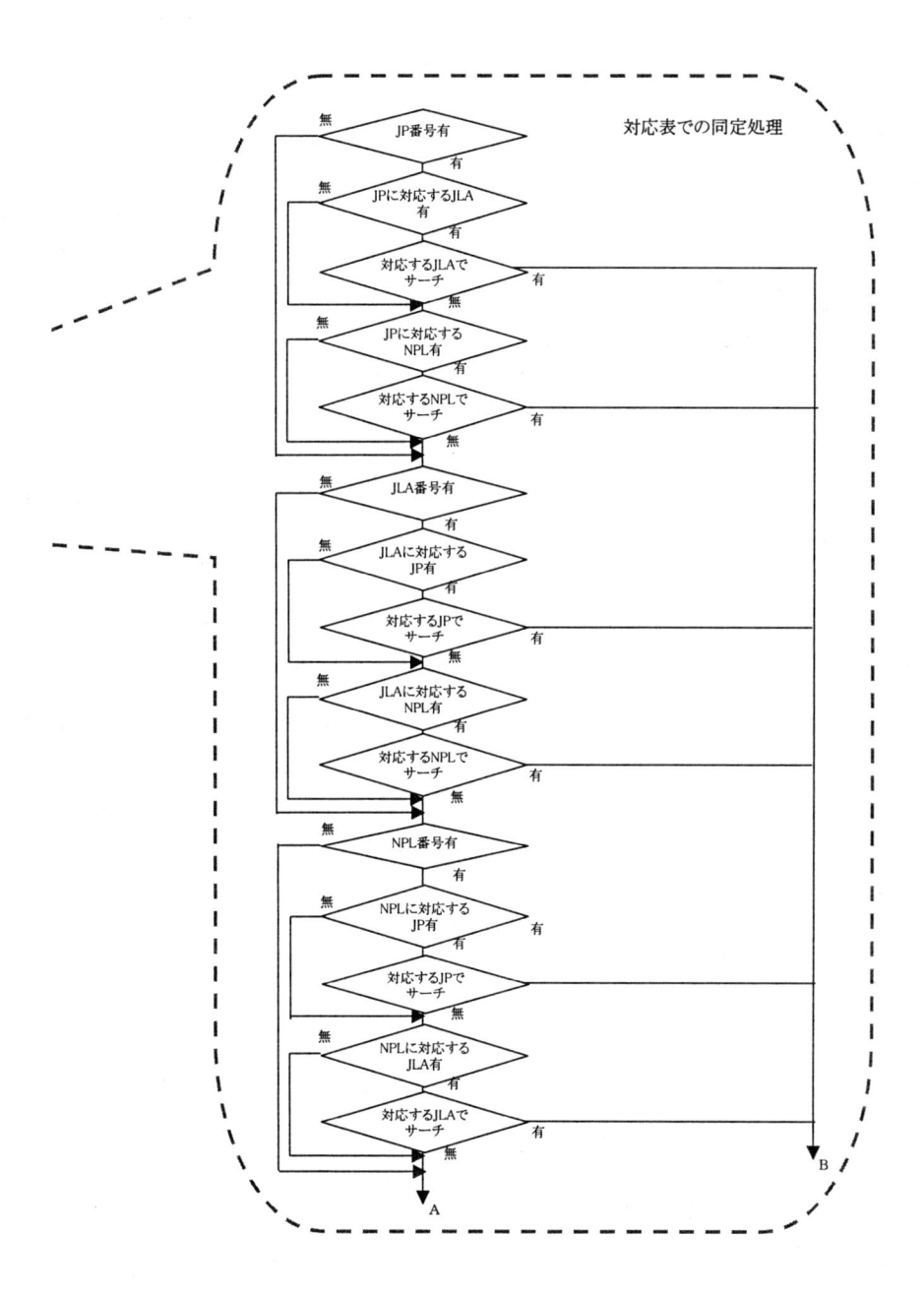

- JP番号有
  - 無 →
  - 有 ↓
- JPに対応するJLA有
  - 無 →
  - 有 ↓
- 対応するJLAでサーチ
  - 有 → B
  - 無 ↓
- JPに対応するNPL有
  - 無 →
  - 有 ↓
- 対応するNPLでサーチ
  - 有 → B
  - 無 ↓
- JLA番号有
  - 無 →
  - 有 ↓
- JLAに対応するJP有
  - 無 →
  - 有 ↓
- 対応するJPでサーチ
  - 有 → B
  - 無 ↓
- JLAに対応するNPL有
  - 無 →
  - 有 ↓
- 対応するNPLでサーチ
  - 有 → B
  - 無 ↓
- NPL番号有
  - 無 →
  - 有 ↓
- NPLに対応するJP有
  - 無 →
  - 有 ↓
- 対応するJPでサーチ
  - 有 → B
  - 無 ↓
- NPLに対応するJLA有
  - 無 →
  - 有 ↓
- 対応するJLAでサーチ
  - 有 → B
  - 無 ↓ A

■報告

NII（国立情報学研究所）著者名典拠の実際

大場　高志（国立情報学研究所開発・事業部コンテンツ課）

NIIの著者名典拠の実際ということで，概略をご説明したいと思います。

1．NACSIS-CATにおける著者名典拠ファイル

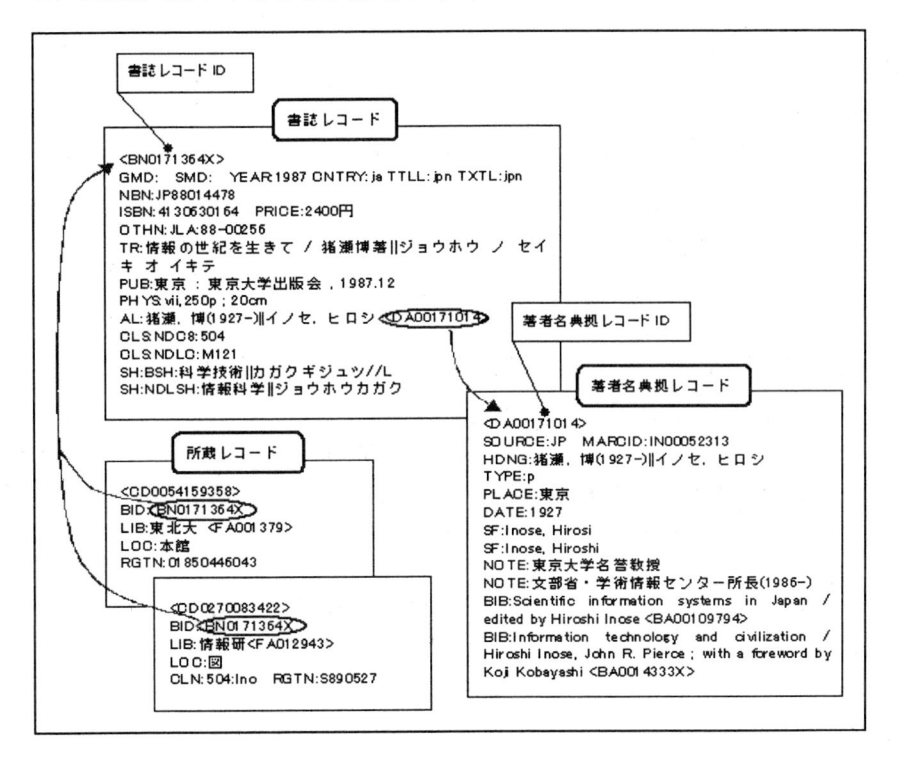

```
書誌レコードID

書誌レコード
<BN0171364X>
GMD:   SMD:   YEAR1987 CNTRY:ja TTLL:jpn TXTL:jpn
NBN:JP88014478
ISBN:4130630164   PRICE:2400円
OTHN:JLA:88-00256
TR:情報の世紀を生きて／猪瀬博著||ジョウホウ　ノ　セイ
キ　オ　イキテ
PUB:東京：東京大学出版会，1987.12
PHYS:vii,250p；20cm
AL:猪瀬，博(1927-)||イノセ，ヒロシ <DA0017101 4>
CLS:NDC8:504
CLS:NDLC:M121
SH:BSH:科学技術||カガクギジュツ//L
SH:NDLSH:情報科学||ジョウホウカガク

著者名典拠レコードID

著者名典拠レコード
<DA0017101 4>
SOURCE:JP   MARCID:IN00052313
HDNG:猪瀬，博(1927-)||イノセ，ヒロシ
TYPE:p
PLACE:東京
DATE:1927
SF:Inose, Hirosi
SF:Inose, Hiroshi
NOTE:東京大学名誉教授
NOTE:文部省・学術情報センター所長(1986-)
BIB:Scientific information systems in Japan／
edited by Hiroshi Inose <BA00109794>
BIB:Information technology and civilization／
Hiroshi Inose, John R. Pierce；with a foreword by
Koji Kobayashi <BA014333X>

所蔵レコード
<CD0054159358>
BID:<BN0171364X>
LIB:東北大 <FA001379>
LOC:本館
RGTN:01850446043

<CD0270083422>
BID:<BN0171364X>
LIB:情報研<FA012943>
LOC:図
CLN:504:Ino   RGTN:S890527
```

ご承知のように，国立情報学研究所は全国の大学図書館等の総合目録データベース，NACSIS-CAT という形で，書誌・所蔵レコード，著者名典拠レコード，統一書名レコード等のファイルを構成し，それらをリンクの形でつなぎ合わせて提供しています。そういう意味で，それぞれのファイルを作成しているのは，全国の各大学図書館の職員です。

　著者名典拠は，この『情報の世紀を生きて』の書誌レコード，これは猪瀬前所長の著作ですが，「AL」というフィールドに「猪瀬, 博」の漢字形とカタカナ読み，その後ろに DA00171014 という形の著者名典拠レコード番号があります。著者名典拠レコードでは，ヘディングやタイプなど，それぞれのレコードフィールドで記述をしているという形です。

2．総合目録データベースの現況

- 図書　書誌　6,877千件
　　　　所蔵　69,451千件
- 雑誌　書誌　268千件
　　　　所蔵　3,894千件
- 著者名典拠　1,270千件
- 統一書名典拠　21千件
　　　　　　　　　　（2003年11月1日現在）
- **年間書誌レコードの増加数　46万件**

　現在，書誌レコードがそろそろ700万件に，所蔵が7千万レコードに達しようかという状況です。

3．著者名典拠レコードの現状

> 2003年9月20日現在
> - 全件数　1,265,703
> - ヨミ付与レコード（日本人名等）　30％
>   ヨミなしレコード（西洋人名等）　70％
> - タイプ別
>   個人名　85％　団体名　13％　会議名　2％
>
> 著者名典拠レコード年間増加数　約4万件

　著者名典拠の方は127万件程度になっています。年間の増加数としては，4万件ほどのレコードが増加しています。

　典拠レコードのタイプというフィールドには，個人名，団体名，会議名等のタイプコードがありますが，特に日本人名，西洋人名というタイプはありません。この約127万件のうち約30％が日本人名であろうというのは，読みが付けられているものを日本人（および中国人等）とみなすと，それが約30％だということです。読みのないものは西洋人名等とみなして，約70％です。タイプ別ですと，個人名が85％，団体名が13％，会議名が2％というような内訳だと考えております。

　今までの数字の説明は2003年9月20日現在の状況です。

4. 課題

> 2002年11月現在
>
> - 著者名典拠フィールド(AL)付与率　94%
> - 1書誌当たりのAL平均付与数　1.43個
> - ALの著者名典拠レコードへのリンク生成
>   率　　　　　　　　　　　　63.87%

　課題，問題点としては2002年11月にまとめたものを示します。
　昨年（2002年），典拠フィールド付与率が94%でした。すなわち，書誌レコードのALのところに，すべて典拠のリンクが張られているというわけではありません。NACSIS-CAT創設当初はリンク生成が必須でしたが，ある時期から，そこがオプションになっています。最後にありますように，レコードリンク生成率が昨年の調査で63%というところで，品質管理という問題は大きな課題であると，われわれの方でも認識をしているところです。

■報告

TRC MARC の典拠コントロール

吉田　絵美子（㈱図書館流通センター）

1. TRC の典拠ファイルの歴史

　私どもの典拠ファイルは，1991年に MARC から該当タグを切り出して，内容を補正し，それをクリーニングすることによって作成しました。その段階で国立国会図書館の著者名典拠録と突き合わせを行い，同一の場合には出典情報を「国会」（国立国会図書館の意）としました。そのため初期のものは出典情報が国会のものが多数あります。国会図書館の典拠録は新規の日本人の場合に必ず見る資料ではありますが，ヒット率が1, 2割ですので，それ以降の出典情報は「図書」（目録対象資料の意）がほとんどです。

　現在，ご提供しています個人名・団体名典拠以外に，シリーズ，全集，件名，出版者等の典拠ファイルも社内では持っていまして，2005年には，それらの典拠ファイルのご提供を開始する予定です。また，MARC の方はデイリーでもご提供しています。典拠ファイルは現在ウィークリーでのご提供ですが，これも同じく2005年にはデイリーでのご提供を予定しています。

1978年	カード形式で典拠コントロール開始
1986年	「TRC MARC 人名典拠録」[1][2] 発行
1991年	「TRC 人名典拠録」[3][4] 発行 （「TRC MARC 人名典拠録」改題改訂増補） TRC 個人名・団体名典拠ファイル完成，MARC と全件リンク
1992-93年	出版者，シリーズ，全集，件名の典拠ファイル完成，MARC と全件リンク

1993年	オンライン注文システム「NEW TOOL」で全典拠公開 図書の個人名（著者・人名件名），団体名（団体著者・団体件名）の典拠ファイルを UNIMARC／Authorities に準拠したフォーマットで提供開始。MARC とのリンクは，TRC MARC/U タイプ上に典拠 ID を付与して提供。
2001年	図書館専用インターネットサービス「TOOLi」で全典拠公開
2005年	全典拠ファイルの提供〔予定〕 個人名、団体名典拠に AV・内容細目ファイルの典拠を追加〔予定〕

2．典拠データの作成基準

典拠データの作成基準に関しては次の通りです。TRC 内部適用細則の三つは，図書館にも配布している資料です（図1参照）。

図1　典拠データ作成基準

1）基本ツール
　①「日本目録規則（NCR）」　新版予備版及び1987年版　改訂2版
　②「基本件名標目表（BSH）」第3版及び第4版

2）TRC 内部適用細則
　①　TRC MARC／U タイプマニュアル
　②　TRC「日本目録規則　1987年版　改訂版」適用細則－図書の著者標目の部－
　③　TRC MARC 分かち書き基準

3．典拠コントロールの対象資料

　対象資料は，明治以降に国内で刊行された和図書です。

　新刊図書に関しては，流通する図書を発売前の新刊見本により網羅的に作成しています。年間約9万件あると思います。国立国会図書館が簡易レベルで入力しているような学習参考書等もその中に含まれます。

　それ以外に既刊図書ということで，図書館が購入された図書または蔵書等を請け負って，同じように典拠データを作成しています。それから紙芝居，視聴覚資料なども典拠コントロールの対象資料としています（図2参照）。

図2　典拠コントロール対象資料

```
1）和図書
　明治以降に国内で刊行された和図書
　①新刊図書
　　流通図書
　　学習参考書，資格試験問題集、楽譜（冊子体のもの），
　　ポルノグラフィー等
　　新刊非流通図書（官庁刊行物、自費出版等）
　②既刊図書
　　図書館購入分（コミック，ホルダー入りの地図等）
　　図書館蔵書
2）紙芝居
3）視聴覚資料
　①録音資料（CD・カセットテープ）
　②映像資料（レーザーディスク・ビデオ・DVD）
　　※著作権承認済映像資料
```

4．標目の対象

2005年より，一つの責任表示に対して4以上の場合も省略をしないですべて入力する予定です。1999年に3以下の場合はそのまま入力するという形で責任表示の拡大をしましたが，そのとき同時に監修者，校閲者，執筆者等も責任表示に入力をして，責任表示に入力したものに関しては著者標目もすべて与えるという形にしました。

件名標目に関して特に言えるのは，個人の伝記小説の場合，個人名－小説と個人名を必ず対で入力しているということ。それから，特定の著作に対する研究資料については，対象の著作名と著作者を対で入力していることです。

5．典拠ファイル

典拠ファイルでのID体系として，図3に例を挙げました。

図3　典拠ID体系

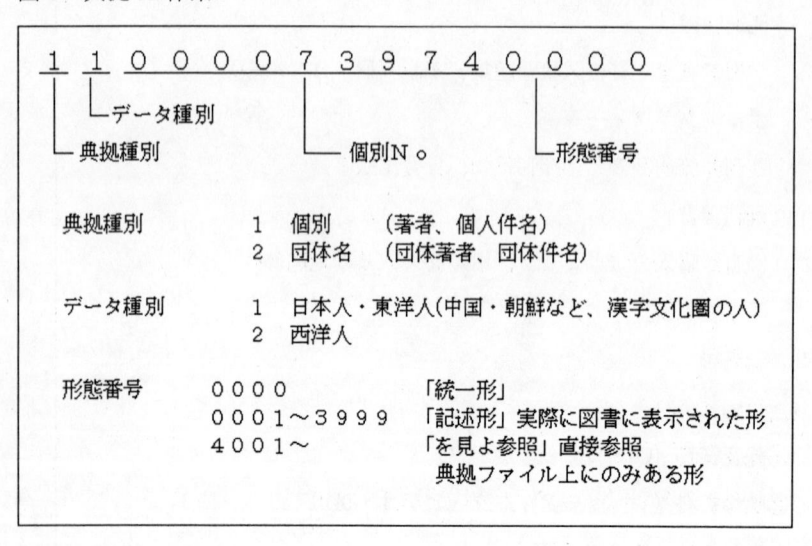

```
1 1 0 0 0 0 7 3 9 7 4 0 0 0 0
│ └データ種別
└典拠種別            └個別No.        └形態番号

典拠種別      1  個別   （著者、個人件名）
              2  団体名 （団体著者、団体件名）

データ種別    1  日本人・東洋人(中国・朝鮮など、漢字文化圏の人)
              2  西洋人

形態番号      0000          「統一形」
              0001～3999    「記述形」実際に図書に表示された形
              4001～        「を見よ参照」直接参照
                            典拠ファイル上にのみある形
```

現在ご提供している個人名・団体名の典拠IDは，先頭1桁目に典拠種別，2桁目に西洋人か日本人かを区別するためのデータ種別，3-11桁目が個別No，12-15桁目が形態番号という体系になっています。

実際の例を見ていただいた方が分かりやすいのですが，図書（目録対象資料）から責任表示として採用した表記で，統一形と異なる場合はすべて典拠ファイルに記述形として登録しています。図3の形態番号の0001～3999というものがそれに当たります。

　総合目録ネットワークの報告で夏目金之助（ナツメ、キンノスケ）の例がTRCという形で載っていて，どきっとしたのですが，先ほども報告でおっしゃったように，各図書館によって取り込み方が違うということがあると思います。私どもでは，「夏目金之助」という記述形が現れてきたときに，「夏目金之助」の記述形（漢字）とその読み（カナ），それから統一形として「夏目漱石」の漢字とカナという対になる形でのMARCのご提供をしています。それから，典拠ファイル上でも，「夏目金之助（ナツメ，キンノスケ）」は実際の図書に現れた形として，0001～3999の記述形の中に含まれます。0000の統一形は「夏目漱石（ナツメ，ソウセキ）」という形で登録をしております。

　西洋人に関しても同じです。先ほど「沙翁」という例が挙がっていましたが，やはり図書に現れた形は記述形としてすべて登録の対象としていますので，「シェイクスピア」の記述形は30件近くあるのではないかと思います。

　ちょっと申し上げるのを忘れましたが，個人著者と個人件名は，同一人の場合は同一典拠ID，同一漢字・カナという形でコントロールしています。

　団体名に関しては，同じように団体著者と団体件名を同一ファイルの中で管理していて，図4の例のように，「大蔵省関税局」は，統一形は「大蔵省」，ただし件名は下部組織も含んだ形を件名標目として付与しております。MARC上は，この典拠IDによってリンクをしています。

　件名についてですが，家族名，主題の地理区分，それから個人名－小説は，普通件名に入っています。地名および地名のもとの主題区分は地名件名に入っています。作品は作品件名という形でそれぞれ別IDになっています。

図4 データ例（団体名）

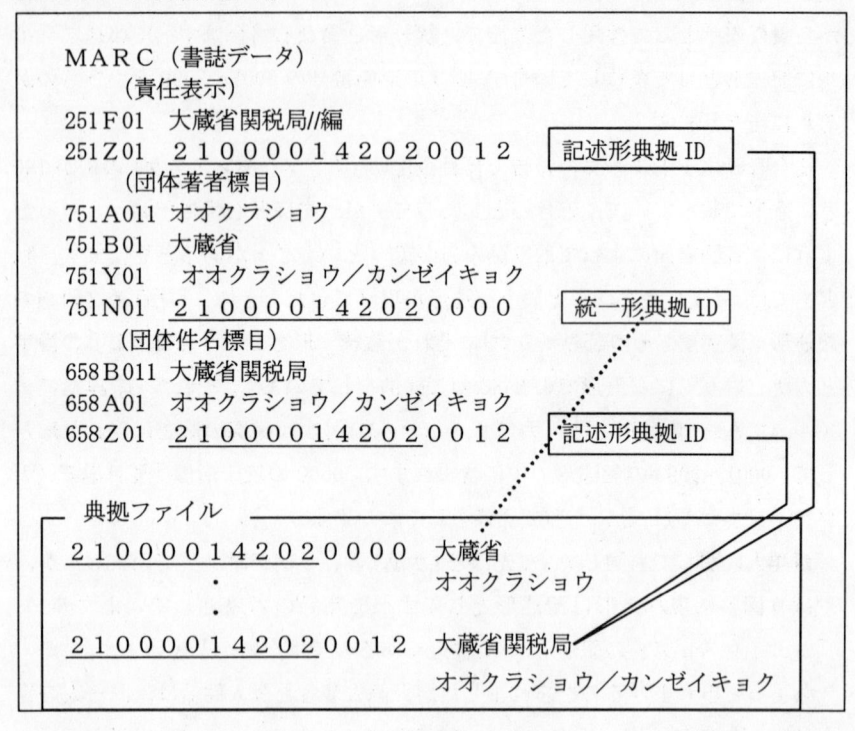

```
MARC（書誌データ）
   （責任表示）
 251F01   大蔵省関税局//編
 251Z01   21000142020012        ── 記述形典拠 ID
   （団体著者標目）
 751A011  オオクラショウ
 751B01   大蔵省
 751Y01   オオクラショウ／カンゼイキョク
 751N01   21000142020000        ── 統一形典拠 ID
   （団体件名標目）
 658B011  大蔵省関税局
 658A01   オオクラショウ／カンゼイキョク
 658Z01   21000142020012        ── 記述形典拠 ID

  ─ 典拠ファイル ─────────────
   21000142020000    大蔵省
                     オオクラショウ
         ・
         ・
   21000142020012    大蔵省関税局
                     オオクラショウ／カンゼイキョク
```

6．典拠作業

　MARC作成の過程で典拠を作成しています。標目というのはどうしても時間がかかりますので，分類・件名作業等が終わった段階で標目を先に作成し，デイリー提供の MARC が出来上がった段階では標目もすべて出来上がっているという流れで典拠作業を行っています。

7．個人情報について

　最後に個人情報についてですが，生没年はあくまでも同名異人の識別のためと考えています。確かに非常に有効な情報ではありますが，生没年自体，プライバシーの問題もありますし，また資料によって間違いが多いのも事実ですので，あくまでも参考資料と考えています。

注

1)『TRC MARC 人名典拠録.日本人名・東洋人名篇』図書館流通センター,
1986.1, 1249p. ＜当館請求記号 GB13-140＞
2)『TRC MARC 人名典拠録.西洋人名篇』図書館流通センター, 1986.5, 735p.
＜当館請求記号 GB13-140＞
3) 図書館流通センター編『TRC 人名典拠録.日本人・東洋人名篇（上)』
図書館流通センター, 1991.11, 1747p. ＜当館請求記号 GK2-E6＞
図書館流通センター編『TRC 人名典拠録.日本人・東洋人名篇（下)』
図書館流通センター, 1991.11, 1697,41p. ＜当館請求記号 GK2-E6＞
4) 図書館流通センター編『TRC 人名典拠録.西洋人名篇』図書館流通センター, 1991.11, 1034,415p. ＜当館請求記号 GK2-E6＞

■報告

NS-MARC（ニッパンマーク）の典拠コントロール
－著者名典拠ファイルに関して－

粕谷　紳二（㈱日販図書館サービス）

1. はじめに

当社では，国内の公共図書館を中心とした現物選書のための新刊見計らい送品を行うとともに，毎日の新刊送品と連動した可変長マークのデイリー提供を1993年以来行っています。新刊図書が書店に並ぶ2日前までに，標目決定・典拠登録を含めたMARCの作成・校正を完了させ，図書館へのMARC納品まで行うのが当社の使命であり，典拠作業もこうしたスケジュールの中で展開することが大きな前提となっています。1993年に稼動を開始したオンラインカタロギングシステムでは，MARCの標目部分と各種典拠ファイルとのリンクをリアルタイムで行い，1999年からは著者名典拠ファイル自体の提供も開始しています。

2. 典拠ファイルの概要
2.1. MARCとのリンク項目

著者名典拠ファイルは，当社で作成・提供しているNS-MARCのすべての個人名・団体名著者標目および個人名件名標目とリンクしています（図1参照）。ニッパンAVマークとも同様にリンクしているほか，内容細目ファイルの著者標目ともリンクしています。

なお団体名件名標目，地名件名標目は件名典拠ファイルにより管理しています。同一団体名は著者標目でも件名標目でも同一の形を原則として採用していますが，準拠資料の相違等により著者標目と件名標目とで一部異なる形をとる場合があります（図2参照）。

図1　NS-MARCの著者標目と著者名典拠ファイルの関係

NS-MARC（ニッパンマーク）		著者名典拠ファイル	
本タイトルレベルの著者標目 751$A　統一形カナ 　　$P　西洋人記述形 　　$R　統一形原綴（西洋人） 　　$X　統一形ローマ字 　　$B　統一形漢字 　　$Y　記述形カナ 　　$Z　記述形ローマ字 　　$W　記述形漢字 　　$C　世系 　　$F　生年・職業専攻 　　$N　典拠コード 　　$K　典拠コード参照形シーケンスNO		個人名 200$7　文字種[ba:ラテン文字, dc:カナ] 　　$a　姓または姓名の区切りのない名 　　$b　名 　　$d　世系 　　$f　生年 　　$g　職業専攻 団体名 210$7　文字種 　　$a　団体名 　　$c　付記事項 個人名「を見よ」参照指示 400$6　　典拠コード参照形シーケンスNO 　　［その他のサブフィールドは200に準じる。］ 団体名「を見よ」参照指示 410$6　　典拠コード参照形シーケンスNO 　　［その他のサブフィールドは210に準じる。］	
主な相違点 ・姓と名の間を，カナ・ローマ字・原綴では「,」（コンマ）で，漢字では「‖」（双柱）で区切る。 ・原綴（西洋人）は$R，ローマ字（東洋人・団体）は$Xに記録。 ・付記事項の生年と職業専攻を同一サブフィールドに記録。		・姓と名を別のサブフィールドに記録，カナ形の姓の後の「,」は記録しない。 ・原綴もローマ字も$7baに記録。 ・付記事項の生年と職業専攻は別のサブフィールドに記録。	

図2　著者標目と件名標目で異なる形の例

著者標目	件名標目	備考
日本国有鉄道	国鉄	「国鉄」はBSH採用形。
国際連合教育科学文化機関	ユネスコ	「ユネスコ」はBSH採用形。
大韓民国	韓国	「大韓民国」はNCR87採用形，「韓国」はBSH採用形。

2．2．著者名典拠ファイルの提供内容

　著者名典拠ファイルの主な提供項目は図3の通りです。提供項目以外に，典

拠作業の過程で確認された事項をメモする項目など，内部利用に限定した項目もあります。

図3　NS-MARC 著者名典拠ファイルの主な収録項目

フィールド	フィールド名	主な項目
001	典拠コード	8桁 1xxxxxxx：東洋人名，2xxxxxxx：西洋人名，3xxxxxxx：団体名
200/210	標目	漢字，カナ，ローマ字または西洋人原綴，付記事項（生年，世系，職業専攻等）
300	名前注記	別名など
301	生没年注記	生没年（付記事項に用いない生没年も含め，判明する限り記録）
400/410	参照形	シーケンスNO [4桁]，漢字，カナ，ローマ字または西洋人原綴，付記事項（生年，世系，職業専攻等）
500/510	相互参照先典拠コード	8桁
801	作成機関	NIPPAN，他に更新日など
810	典拠資料	初出タイトル・出版者・MARC NO，参考資料名の簡略標題
830	一般注記	職業など
835	標目訂正に関する注記	以前の典拠コードなど

2．2．1．「を見よ」参照

　典拠ファイルでは，統一標目として採用しなかった形や読みから，統一標目への参照を設ける必要があります。「を見よ」参照が必要な場合，1レコードの中に標目フィールドと「を見よ」参照指示フィールドを設け，統一標目と参照形の全体を1レコードにまとめて提供しています。統一標目には8桁の典拠コードを，統一標目に対する個々の参照形には，4桁のシーケンスNO（フィールド間リンクデータ）を付与しています（図4参照）。

図4　「を見よ」参照

```
※フィールド200（団体名は210）が標目フィールド，
　フィールド400（団体名は410）が「を見よ」参照指示フィールド。
001      10075778
005      19951128000000.0
100  __  $a19920926ajpny1312     da
152  __  $aNCR
200 _1  $a 滝沢$b 馬琴
200 _1  $7dc$a タキザワ$b バキン
200 _1  $7ba$aTakizawa$bBakin
301  __  $a1767～1848
400 _1  $6a0001$a 曲亭$b 馬琴
400 _1  $6a0001$7dc$a キョクテイ$b バキン
400 _1  $6a0001$7ba$aKyokutei$bBakin
400 _1  $6a0002$a 瀧澤$b 馬琴
400 _1  $6a0002$7dc$a タキザワ$b バキン
400 _1  $6a0002$7ba$aTakizawa$bBakin
801 _0  $aJP$bNIPPAN$c19951128
810  __  $a 馬琴書翰集　翻刻篇$m 天理大学出版部$n8009078
810  __  $a コ日
830  __  $a 江戸後期の戯作者
```

2．2．2．「をも見よ」参照

　改姓改名した著者や分野により複数の筆名を使い分ける著者の場合，それぞれの名前を統一標目とした上で相互に「をも見よ」参照でリンク付けを行うことがあります。この場合，それぞれの名前に対して別個の典拠コードを与え独立したレコードを生成した上で，各レコードの「をも見よ」参照指示フィールドに参照先の典拠コードを記録することにより「をも見よ」参照を表現しています（図5参照）。

図5 「をも見よ」参照

※フィールド500（団体名は510）が「をも見よ」参照指示フィールド。	
001　　10060755	001　　10060754
005　　19981104000000.0	005　　19990409000000.0
100 __ $a19920926ajpny1312　　da	100 __ $a19920926ajpny1312　　da
152 __ $aNCR	152 __ $aNCR
200 _1 $a 瀬戸内$b 晴美	200 _1 $a 瀬戸内$b 寂聴
200 _1 $7dc$a セトウチ$b ハルミ	200 _1 $7dc$a セトウチ$b ジャクチョウ
200 _1 $7ba$aSeto^chi$bHarumi	200 _1 $7ba$aSeto^chi$bJakucho^
300 0_ $a 法名：瀬戸内寂聴	300 0_ $a 本名：瀬戸内晴美
300 0_ $a 初期筆名：三谷晴美	300 0_ $a 初期筆名：三谷晴美
301 __ $a1922〜	301 __ $a1922〜
500 _1 $310060754	500 _1 $310060755
801 _0 aJPbNIPPAN$c19981104	801 _0 aJPbNIPPAN$c19990409
810 __ $a 中世炎上$m 新潮社$n7701665	810 __ $a 古寺巡礼京都　１７$m 淡交社$n7715620
810 __ $a 国	810 __ $a 国
830 __ $a 作家	830 __ $a 尼僧，作家

3．著者標目の仕様

3．1．全般的事項

　次に，著者標目の与え方についてご説明します。目録規則は，『日本目録規則』1987年版改訂版に準拠しています。

　文字についてはJISの83年版を使用し，新旧字に関しては，1999年以降統一標目でも旧字の使用を行っています。ただ，1999年の3月以前はすべて新字に統一をしており，これ以前に確立した統一形については現在でも新字の使用を継続し，旧字の形は参照形ということにしています。

　外字については，基本的に異体字関係にある内字に置き換えます。ただし，置き換えができない文字は，内部コードによって表現しています。

　アルファベットの特殊文字は，記号のない形を使用します。ただし，ウムラウトとアクサンが付いた文字は，アルファベットと付加記号の2文字で表して

います。

　新規の標目は，原則として初出の図書の表示に従って決定します。参考資料類に掲載されている人名は，参考資料類での形や読みも参考にします。

3．2．東洋人名

　東洋人名に関しては，カナと漢字とローマ字を必須としています。姓と名から成らない人名は，カナの分かち書きを行います。

　中国人名は，日本語読みを採用し，母国語読みは参照形としています。

　韓国・朝鮮人名は，図書の表示から母国語読みのカナ表記が判明した場合には，母国語読みを採用し，日本語読みを参照形とします。母国語読みが判明しない場合や，母国語読みのローマ字表記しか判明しない場合には，日本語読みを採用しています。

3．3．西洋人名

　西洋人名に関しては，カナと原綴を必須としています。特に公共図書館では図書記号にカナを用いる例が多く，著者のカナ検索の需要が高いということもあり，西洋人名でも NCR 本則に従ってカナの統一形を採用しています。原綴が不明の場合には「()」を記録し，2語以上から成る姓や名のカナは「・」(中黒)で区切ります。イニシャルに対するフルネームの付記は採用していません。また原綴の終端のピリオドは省略しており，古代ギリシア人名はギリシア語形を採用しています。

3．4．団体名

　団体名については，カナ・漢字・ローマ字を必須とし，カナ・ローマ字は分かち書きをして記録します。付記事項にもカナを付与しています。

　内部組織は省略が原則ですが，国の行政機関および東京都については局レベルまで採用します。地方公共団体のうち特に町村名については都道府県名を付記し，「町」「村」の読みは，「マチ」「ムラ」に統一しています。そのほか，小学校等の教育施設については，設置の自治体名を付記しています。

3．5．付記事項

次に付記事項ですが，生年の付記は同名異人の2人目以降ということにしています。すでに亡くなった方の場合にも，生年のみを付記しています。生年まで同一の場合や生年が分からない場合には，職業・専攻も補足的に使っています。同名異人の判断基準としては，漢字形が一緒であっても読みが違う場合は，同名異人としては扱わないという運用をしています。

個人名件名標目では，判明した生没年はすべて，没年まで含めて MARC の方に記録しています。このほか個人の特定上必要な場合に，世系などを付記することもあります。団体についても，所在地や創立年によって同名異団体を識別しています。

4．典拠ファイルの作成およびメンテナンス

新刊図書の場合，図書が発売になる日の 2 日前というタイミングで，MARC を図書館にお納めしています。この関係で，MARC の提供の前 3 日間で MARC の作成を行うと同時に，典拠の作成ならびにこれらの校正を行います(図6参照)。

図6　著者名典拠ファイルの作成スケジュール（新刊分）

	～5日前	4日前	3日前	2日前	1日前	新刊発売当日
MARC・典拠関連	入力 見本着					
	MARC作成・校正 標目決定・典拠作成		MARC配信			
商流関連				商品搬入	整品	書店・図書館着

また，いったん作成した典拠ファイルに対するメンテナンスも随時行っています。参照，職業，生年，没年の追加などが主なメンテナンス内容となります。こうしたメンテナンスデータも図書館にご提供しています。

　典拠のリンク・作成のフローについて，簡単にご説明します。責任表示から典拠を検索し，ヒットすれば同一人物であることを確認の上 MARC とリンクさせます。同名異人が複数ある場合には生年や職業・専攻，過去の著作などを頼りにリンクさせる典拠を選択しますが，新たな同名異人であれば，識別語付きの典拠を新規に作ります。同一人物であることの判断が難しい場合，出版者や著者本人に直接問い合せをする場合もあります。責任表示からヒットしない場合には考えられる別の表記から再度検索を行い，同一人物の典拠とヒットした場合には MARC とリンクさせます。このとき責任表示の形は参照形として登録します。様々な角度からの検索を行ってもヒットしない場合には，標目の決定作業を行った上で典拠を新規に登録します。
　概ね以上のような内容で，典拠の作成と提供を行っています。

■報告

都立図書館の典拠コントロールについて
　－現状と課題－

阿部　真弓（東京都立中央図書館）

1．典拠ファイルの成り立ち

　都立図書館の典拠コントロールは三つの時代に分けられます。マニュアル整理時代はカードで維持していました。1987年に第1次都立図書館電算システムが稼働し，そのときにカードで維持していた典拠ファイルをすべてコンピュータの中に入れました。典拠ファイルとして，書誌とは別に独立したファイルを作りました。

　2000年から始まった第2次都立図書館電算システム（「新電算システム」と呼ぶ）では外部典拠を利用した新たな典拠がスタートしました。それまでは都立独自で典拠を作っていたので，典拠はすべて書誌とリンクされていました。しかし，2000年からはTRC MARCとTRC典拠を購入し都立のデータベースに取り込んでいますので，現在は書誌とリンクしていない典拠も多数存在しています。また，新電算システムでは地名典拠ファイルも新たに作成し，地名件名の付与を開始しました。　現在，典拠データは書誌データとともにOPACで公開しています。

2．典拠対象資料・維持管理

　対象資料は，主に明治以降の和図書を中心としています。和古書は，これからの課題です。海外資料については，今後も典拠コントロールする予定はありません。

　典拠ファイルの維持管理は，書誌作成の一過程としてすべて都立中央図書館の整理係で行っています。現在和図書の整理にTRC MARCを利用していますが典拠については都立典拠ファイルをもう一度確認するという作業を行って重複典拠の発生を防いでいます。

まず,新規のTRC典拠データを都立のデータベースにダウンロードする前に,既存の典拠ファイルと重複する可能性のあるものを,典拠担当者がチェックします。重複典拠が発見されると統合や削除を行い,その後TRCの新刊MARCをダウンロードします。

　整理係に典拠担当者をおき,典拠の維持・管理を行っています。他部署で新規作成した典拠も,典拠担当者が形は正しいか,一方参照や相互参照,注記などは正しく作成されているかを確認します。

　次に,典拠種別と件数についてですが,2003年9月現在,全典拠種別で約60万件あります。TRC典拠を購入する以前は30万件でしたので,約3年9カ月の間に倍の件数になったことがお分かりいただけると思います。

3．外部典拠の利用と独自作成典拠

　外部典拠の利用と独自作成典拠については,新電算システム開発時にTRC典拠50万件とそれまで持っていた都立典拠30万件のマッチングを行い,両典拠番号の対照表を作成しました。これによって,都立既存典拠があるものはTRCの番号から都立番号に置き換わって書誌データに取り込まれるシステムになっています。都立にない典拠は,そのまま都立の新規番号が付与されて都立典拠ファイルに登録されるようになっています。

　ここで問題なのは,重複典拠を発生させないように留意することです。典拠コントロールを確実なものとするために,先ほど述べたように典拠担当者の点検およびその後の書誌作成時における職員の典拠確認作業は必須です。典拠確認の際には「TRC典拠修正マニュアル」により参照形を作るなどの手を加えて利用しています(図1参照)。

図1　TRC典拠の利用

（1）TRC新刊マーク登録のための事前作業

　　週1回，新刊マークの登録前に典拠のマッチング作業として，統一形で重複と疑われるものをリストアップし，調査する。その後，新刊マークの登録作業を行う。

（2）整理の過程での確認作業

　　職員が整理の過程で，図書により典拠を確認，参照形の作成や統合・分割等を行う。

　　⇒(1)(2)の2回の典拠確認作業を行い，重複典拠の発生を回避している。

（3）典拠の修正作業

　　TRCと都立では，書誌および典拠の作成基準が異なるため，整理係スタッフマニュアル（図4「TRC典拠修正マニュアル」参照）に則り修正作業を行う。

（4）典拠件数の増加

　　2000年までに都立の典拠件数は約30万件で，すべて書誌とリンクしていた。3年あまりで倍ほどの件数になり，現在は書誌とリンクしない典拠も多数存在する。

　なお，都立では年間に1,100から1,200件ぐらいの新規典拠を独自に作成しています。和図書の整理は都立3館合わせて約4万冊ぐらいですが，今後NDLやNIIの典拠データをダウンロードして利用可能となれば，新規作成件数はより少なくなると思います（図2参照）。

図2 独自作成典拠

(1)作成件数

15年度和図書の整理予定冊数、約4万冊弱のうち、独自作成書誌は約8,000冊(寄贈資料・行政資料・既刊書等)。独自作成の新規典拠は、年間 約1,200件程である。

(2)地名件名

2000年から付与を開始。TRCは地名典拠を提供していないため、地名典拠ファイルは、日本は「全国市町村要覧」、国外はBSH等から一括作成した。市町村の合併、国名の変化・独立に対応しているのみで、ほとんど変化しない。旧地名は地名件名として採用せず、現地名に置き換えて付与する。町はNDLと異なり、「全国市町村要覧」のヨミに従って「チョウ」と「マチ」を読み分ける。

(3)特殊な取扱い

地域名としての地名典拠と、組織としての団体典拠に分かれ、それぞれの番号をもつ。

例: アメリカ合衆国

・地名件名 典拠ID　　9100004188
　　ヨミ　　　　　　アメリカガッシュウコク
・団体件名 典拠ID　　2100324635
　　ヨミ　　　　　　アメリカ ガッシュウコク (ワカチする)

4. 典拠データとのリンク状況

著者標目はすべて典拠とリンクしています。(標目とする範囲は時代によって変遷があります。) 新電算システム以前は整理係で作成する基本書誌に加えて,各主題室でレファレンスに有効な件名を追加書誌として付与していました。(例:社会科学室では団体件名,人文科学室では地名件名を付与など)。それらの中には典拠にリンクされていないものもあります。2000年からの新電算システム以降は団体件名と地名件名も整理係で付与していますので, これらはすべ

-66-

て典拠とリンクしています。

図3　書誌データとのリンク状況

		著者	件名		
			個人	団体	地名
和図書	1999年以前整理	○	△	△	×
（明治期以降刊行）	2000年以降整理	○	○	○	○
電子資料 （和パッケージ系）	2000年以降整理	○	○	○	○
地図（和）	2000年以降整理	○	○	○	○
紙芝居	2000年以降整理	○	○	○	○

5．他機関と都立の相違点

　他機関と都立の相違点を幾つか挙げます。特に顕著なのは，著者・被伝者記号と典拠の統一形が連動しているところだと思います。私どもは公立図書館ですので，いろいろな利用者がお見えになります。調査研究に有効な資料群を1箇所に集めるために都立図書館では著者・被伝者記号を採用しています。外国人のヨミは原則母国語ヨミを基本としていますが，受入整理した図書の1冊目で母国語ヨミが不明なときは，日本語ヨミで典拠を作成します。ヨミの頭文字1字から著者・被伝者記号が取得され請求記号が決定されます。あとから母国語ヨミが判明しても，請求記号に影響がでてラベルの訂正が必要となるため統一形のヨミは変更していません。母国語ヨミは参照形としてとりこんでいます。例えば「梁石日」（日本語読み「リョウ，セキジツ」）という著者について，後ほど母国語読みが「ヤン，ソギル」と判明しても，最初に受け入れた1冊目で統一標目形の読みを決定しますので著者・被伝者記号は「リの9番」という番号となります。

6．今後の課題

(1) 典拠ファイルの維持管理の省力化
(2) 新規作成典拠の省力化
(3) 2000年以前受け入れ図書の書誌データで典拠リンクされていないものの整備
(4) 重複典拠の解消
(5) 和古書の典拠コントロール
(6) 検索時の有効活用（利用者へのPRなど）
(7) OPACで公開している典拠ファイルの項目等の整備

図4　TRC典拠修正マニュアル　再訂版（2003.3）

	ＴＲＣ	都　立	修　正　方　法
漢字	新旧漢字は新字で作成 異体字も字により統一しているものあり	図書通りの漢字使用 同上	どちらも修正する 同字検索できない漢字は，参照形を作成する ＊書誌中のF形は修正しない
外字	＝または【　】で表示 都立では同字扱いしない 漢字への置き換えも注意	◆[ヨミカナ]あるいは ◆[JIS番号]で表示する	置換え文字やJIS番号を調査後修正する TRCの形は必要なら参照形とする
参照形	漢字形，ヨミ形の違いは一方参照とする 都立とのマッチング後は参照形は追加されない	図書の表示に変更あればすべて一方参照とする 相互参照との判断は「適用細則」「校正マニュアル」参照	典拠ファイル中にTRCが作成している多様な号や読みなどはそのままとする 新たなヨミ，形は一方参照形を追加する
	相互参照は作成せず別個の典拠とする	相互参照番号を記録する	相互参照番号および注記を記録する

	ＴＲＣ	都　立	修　正　方　法
アルファベットで表す人名	ハイフンーによる複合姓作成	新システムは同じ，旧システム分はハイフンなし	ハイフンの有無で検索が異なる 両方で検索できる様参照形を作成する
ヨミ形	ヨミ形ヴァヴィヴヴェヴォはそのまま使用して表示（ウ゜アの形もあり）	バビブベボに読み替えて記録する	ヨミ形200mは修正する 990mにヴ形を記録する ＊ウ゛→ヴに直す
アルファベットで表す団体名	日本の団体・外国の団体ともヨミはカナで表示する 外国の団体は，図書の表示により原語表記を採用する	ヨミもアルファベットや数字のまま表記する 外国の団体名は，日本語形があればそれを統一形210aとする	210mは都立のヨミへ修正し991mへカナ読みを追加する 外国の団体は可能な限り日本語形へ修正 図書の表示が原語表示のみなら原語で参照形を記録する
団体の内部	行政機関の内部組織は典拠としない	国，東京都，国会図書館は内部組織までを典拠とする	典拠番号2100999999として書誌に記録してあるのでリンクし直して修正する
特定図書の編集委員会	典拠を作成する	上部団体があればそれにリンクし，ない場合典拠ファイルは作成しない	修正しない ただし上部団体があればそれにリンクし直して修正する
法人組織を表す名称	団体名の前後どちらにあっても省略して作成の時期あり	団体名の後ろにつく場合は，省略しない	修正して「○○株式会社」等とする
大学のゼミ	典拠を作成する	学部と同様，大学に結び付ける	原則として修正する。 内部組織かどうか不明の場合はJP典拠を参照し決定する

■報告

早稲田大学図書館の典拠コントロール

藤巻　俊樹（早稲田大学図書館）

1．レコード数、典拠レコード作成対象

　「早稲田大学図書館の典拠コントロール」と題しましたが，それほど大げさなことはやっていません。早稲田のシステムを「WINE システム」[1]と呼んでいますが，現在レコード数は，書誌レコードが 175 万余り，所蔵は 343 万余り，それに対して典拠レコードが 5 万 4 千余りしかありません。これはシステムの機能の問題とも絡んでいると思いますが，あとでご説明します。

　和書目録，和書の典拠としては，参考にしているのが国会図書館。ベースにニッパンの NS-MARC も使っています。適宜データを修正して，登録しています。

　洋書に関しては，LC 典拠。LC 典拠と言いましても，現実には OCLC[2]からレコードを取り込んでいますので，LC 典拠形でないものも入り込んできています。

　今悩ましいのが，中国語図書の問題です。過去に中国語関係は和漢書としてレコードが作成されてきたのですが，数年前から OCLC の中国語図書のレコードを取り込んで新規受入図書のデータ入力だけでなく遡及入力もしています。そのため，過去の和漢書として日本語読み等を付されてデータ入力されたものと，OCLC から取り込まれたピンインを付されたものとが混在しています。いまはデータ入力を優先していますが、後にコントロールする必要を感じています。

2．検索画面例

　次に，著者名検索で「瀬戸内晴美」を検索した場合の，業務用画面です。

図1　検索画面例（業務用画面）

```
検索条件: 著者名等: 瀬戸内 晴美
   3 [著者名等], 109 エントリーあります. [著者名等] 1-3 について:

1    瀬戸内 晴美, 1922- --> 典拠レコード ..............     1 エントリー
2    瀬戸内 晴美, 1922- --> See also 瀬戸内 寂聴, 1922-  ..  1 エントリー
3    瀬戸内 晴美, 1922- .................. ..... ..................     107 エントリー
```

　この画面例のように3件ヒットします。1が典拠レコードそのものです。早稲田のデータの場合，原則 US/MARC 形です。原則と申しましたのは，日本語の持ち方自体が若干早稲田独自という部分があります。3が通常の，書誌レコード中の著者名としてヒットしたもので107書誌がこれに付いています。2を選択すると参照形「『瀬戸内寂聴』を検索しますか」と表示されます。ですから，レコードというよりは検索機能です。

　このように典拠ファイルと書誌ファイルを横断検索してしまうので，早稲田の場合，典拠レコードを作成するのは，主として「を見よ」「をも見よ」という参照形があるものです。

　通常は，1・2がなくて3だけが表示されるものが多いです。実際に書誌レコードを作成する場合に，典拠レコードと書誌レコードを横断検索しますので，特に参照がないデータ，100番台だけの典拠レコードを作っても書誌レコードで足りているという現状があるため，あまり実務的にメリットがありません。そのため，参照形がないものは，典拠レコードをほとんど作っていません。それで，典拠レコード数が5万余りと少なくなっています。実務上はあまり不便は感じていません。

　次にOPACの画面（図2）をご覧ください。先ほど業務用画面では三つあったのに対して，2番目と3番目が表示されます。上をクリックすれば「寂聴」として検索に行き，下をクリックすれば先ほどの書誌レコード107件が通覧できます。

図2　OPAC（早稲田大学図書館）

番号	マーク	著者名等 (1-2 of 2)	Year	エントリー 108 件あります.
1		瀬戸内 晴美, 1922- -- See also -- 瀬戸内 寂聴, 1922-		1
2	┌	瀬戸内 晴美, 1922-		107

3．OCLC へのデータ提供

　最後に，この会議に早稲田に声がかかったのは，OCLC にデータを提供しているからということをお聞きしましたので，それに関してお話しします。典拠には直接関係ありません。

　早稲田は，2回に分けて合計56万件ほどの日本語データを，OCLC に登録しました。

　図3の1・2・3・4という過程を経て登録し，早稲田側でコンバートして OCLC に送ったのですが，OCLC 側でまたそれをデータ修正等しております。そのため，早稲田のデータと OCLC の WorldCat[3] のデータは完全に一致はしていません。時々「ああ，向こうで直されたな」というデータが見つかります。この56万件は，OCLC の WorldCat に登録されている日本語データ120数万件の半分近くです。欧米と言いますか，OCLC 参加館，アメリカの大学等もかなり日本語のデータを入力しているので，早稲田が大量に送ったと言っても，半分近くにしかなっていません。

図3　OCLCへの日本語データ提供（概要）

早稲田大学, 紀伊國屋書店(OCLC日本代理店), OCLCの協力の下にデータ提供。
 第1回 1995年 282,980件
 第2回 2001年 277,481件
      （その他に141,660件の所蔵を追加）
今後, 引き続き月次で日本語新規レコードをOCLCに送付することを計画している。

1. WINEデータベースから対象レコードを抽出。
2. （第1回）WINEデータベースからレコードをJAPAN/MARC形式でMARC OUTし, US/MARCへコンバート（ローマ字付与, EACCコード[4]変換含む）。
 （第2回）WINE MARCからMARC21へコンバート（ローマ字付与, EACCコード変換含む）。
 ＊第1回と第2回の間, 1998年に当館のシステム変更があり, レコード構造が変わった。
3. WINEレコードとWorldCatレコードの同定→WorldCatに既存書誌があるときは, 所蔵レコードのみ追加。
4. OCLC側での典拠コントロール, データ修正。

注

1) Waseda University Scholarly Information Network System.
　参考：WINE MARC Record Editing Guide for OCLC CJK Software Users <http://www.oclc.org/support/documentation/cjk/related/wine/>
　（last access 2004-03-15）
2) Online Computer Library Center. <http://www.oclc.org/> （last access 2004-03-11）

3）OCLCとその参加館とが構築している世界最大の書誌・所蔵データベース。
4）East Asian Character Code（東アジア文字コード）の略。繁体字，簡体字，ハングル，ひらがな，カタカナを含む3バイトの文字コード。

■報告

統合古典籍データベースにおける
典拠コントロールについて

戸田　加代子（国文学研究資料館）

統合古典籍データベースの典拠コントロールについてご報告します。

1．統合古典籍データベースのファイル構成

図1　統合古典籍データベース概要図

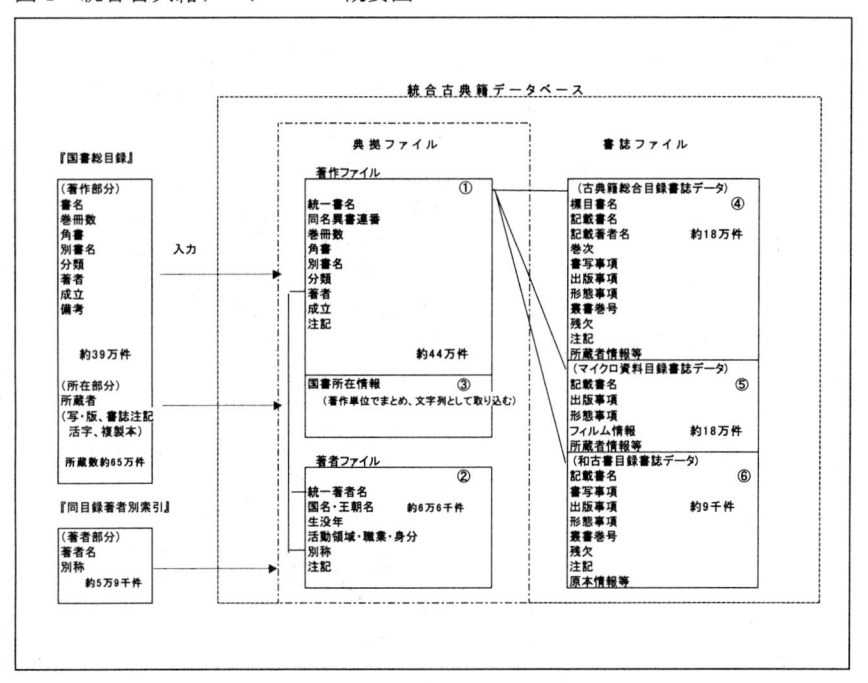

　図1をご覧ください。統合古典籍データベースは，日本の古典籍の書誌・所在情報を収めた書誌ファイルと，古典籍の著作と著者の典拠ファイルから構成

されています。

　書誌ファイルには，古典籍総合目録書誌データ，当館で所蔵しているマイクロ資料と和古書の目録データであるマイクロ資料目録書誌データ，和古書目録書誌データの，3種の書誌データを収めています。典拠ファイルは著作ファイルと著者ファイルの2つのファイルから構成され，それぞれ，岩波書店の『国書総目録』『同目録著者別索引』の記載事項を基礎データとして入力し，形成しました。

2．典拠コントロール

　図2に簡略化した図を示しました。図1の概要図とあわせてご覧ください。

図2　統合古典籍データベース　典拠コントロール概念図

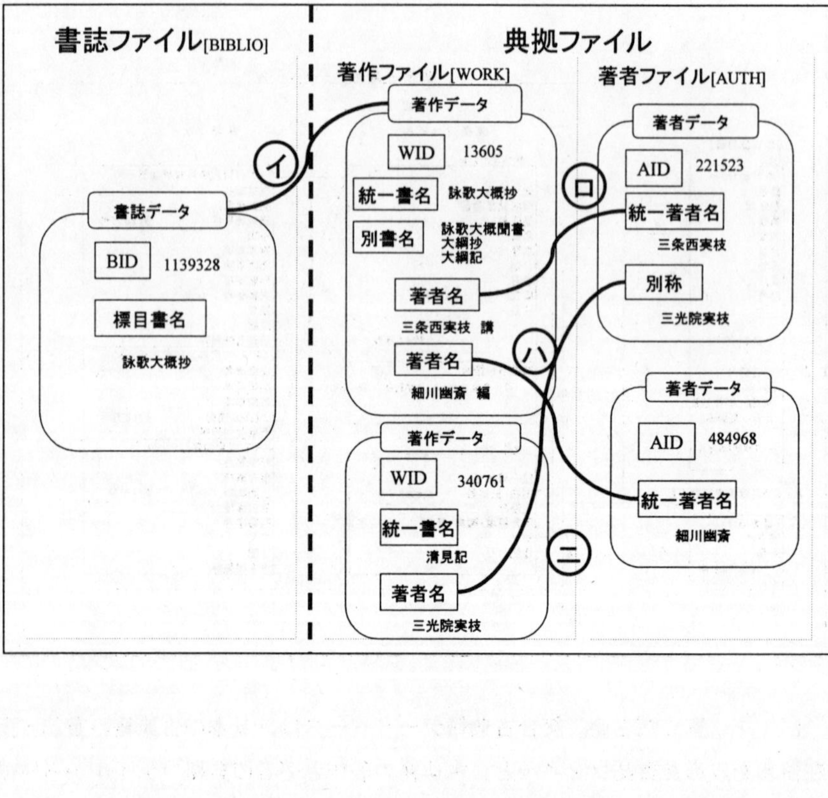

典拠コントロールは，図2の書誌ファイル中のそれぞれの書誌データと，対応する著作ファイル中の著作データとのリンク付け（著作コントロール），そして，それぞれの著作データ（無著者著作を除く）と，対応する著者ファイル中の著者データとのリンク付け（著者コントロール）を行っています。

　初めに著作コントロールについて具体例で申し上げますと，書誌データ『詠歌大概抄（えいがたいがいしょう）』（BID1139328）は，それがどの著作に属するかという認定をして，その著作データ『詠歌大概抄』（WID13605）にリンク付けします（㋑）。

　次に著者コントロールについては，著作データ『詠歌大概抄』（WORK13605）の著者名のところをご覧ください。「三条西実枝」「細川幽斎」という2つの著者名（作品著者名）があり，それぞれが対応する著者データ（AID221523, AID484968）とリンクしています（㋺・㋩）。

　著者コントロールは，まず著作の著者がだれであるかという認定をして，次に，その著作で用いる著者名（作品著者名）を，その著者の幾つかの名称（ひとつの場合もあります）の中から選定します。作品著者名は統一著者名の場合も別称の場合もあります。先ほどの2つの著者名は統一著者名を作品著者名としています。他方，著作データ『清見記（せいけんき）』（WID340761）の著者名「三光院実枝」は，別称を作品著者名としてリンクしている例です（㊂）。著作データの著作著者関係表というところに，作品著者名と著者役割（著・編・訳・…）等のデータを持っています。図2の「三条西実枝　講」「細川幽斎　編」の「講」「編」は著者役割です。

　最後に，典拠データのデータ項目について少しご説明します。著作データには，代表とする書名「統一書名」の他に「別書名」「分類」「成立年代」他の著作にかかわる項目があります。また，著者データには，「統一著者名」「別称」（図2にはありませんが「三条西実枝」（AID221523）は「三光院実枝」を含め9つの別称を持っています）「生没年」「国名・王朝名」他の項目があります。なお，著者データは著者単位で作成しています。

3．典拠データの公開

　典拠データは,「国書基本データベース(著作編)」としてホームページから登録申請制（無料）で公開しています（現在，図1の①②の部分を公開）。その検索画面が図3です。

　画面中のデータベース選択メニューで，著作データベースと作者データベースが選べるようになっています。

　なお，今年度古典籍総合目録の書誌データの公開も予定しています。（平成16年2月「古典籍総合目録データベース」を公開しました。）「古典籍総合目録データベース」では，分類・成立年代等の著作にかかわる検索語から，該当する著作データとリンクしている書誌データを検索することができます。また，別書名や著者別称等の多様な書名・著者名からの検索もできます。典拠コントロールにより，同書の取りまとめや著者の認定等を容易にするだけでなく，有効な検索キーを提供しています。

図3　典拠検索画面

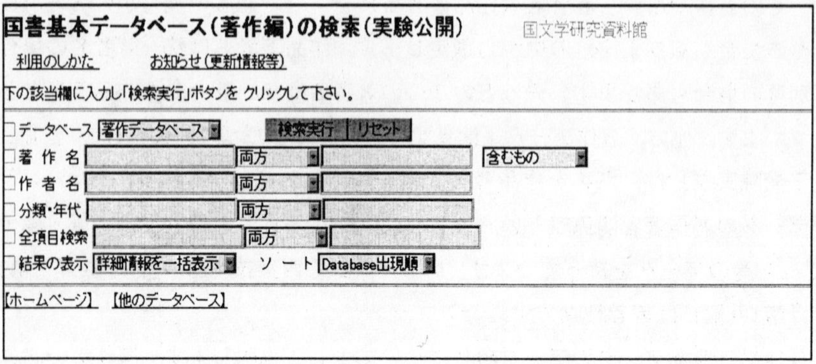

4．今後の課題

　典拠ファイルの維持管理のひとつとして，データの改訂が課題となっています。先ほど申し上げましたように，当館の典拠ファイルは『国書総目録』

（1963-1972, 補訂版 1989-1990）『同目録著者別索引』（1976, 補訂版 1991）のデータを基礎データとしていますので，現在の研究成果を反映した改訂が望まれています。また，『国書総目録』は各蔵書目録からデータを採録したため，その誤りを引き継いでいます。当館では，収集したマイクロ資料等によりデータの改訂を進めています。

　その他，典拠ファイルを核としたデータベースシステムの構築という課題があります。典拠ファイルを利用して，画像・本文・書誌・研究情報，その他多種のデータベースを有機的につなげることによって，一元的に情報を提供できるようにしたいと考えています。
　なお，典拠ファイルをより活用するために，他機関との協力を進めることが求められています。

■提起

国内名称典拠コントロールに関する考え方

那須　雅熙（国立国会図書館書誌部司書監）

　討議に入る前に，私から「国内名称典拠コントロールに関する考え方」について，坂本からは「典拠データにおける個人情報の取扱いについて」の提起をいたします。

　本日は，当館のほかに六つの書誌作成機関から典拠コントロールの報告をしていただいたわけですが，それぞれの典拠ファイルの実態，比較して同じ点，異なる点などが明確になったと思います。

　言うまでもなく典拠作業には大変労力がかかります。こういうものをどこかが集中的にやることで，効率化・合理化できないものだろうかと常々思っていました。集中的にやることで，それぞれの機関で不要になる仕事，あるいは逆に参加することで発生する仕事もあると思いますので，その辺はこれから共に検討しなくてはならないと思います。

　またデータを集めてみると，当館の総合目録ネットワークの報告にもあったように，標目に不統一な点が見受けられます。NACSIS-CAT においても，また MARC 間でも，やはりばらつきがあります。

　私どもは，この点についても国内的に何とかならないだろうかと思っています。また国際的にも，FRANAR[1] や VIAF[2] のような動き，ヨーロッパでは LEAF[3] の動きがあり，日本全体における統一の取れた典拠ファイルが，国際的にも求められているという状況があります。

　そこで当館としては，これまで蓄積してきた約70万件の典拠データの提供を何らかの形で実現し，さらに「国の典拠ファイル」を構築して，国内の名称典拠コントロールを行っていけるように整備することが急務であると思い，今回提起させていただいたわけです。

　目的は，まず典拠データを集中し，標準化を行うとともに，品質を保持すること。そして，それにより，内外の書誌作成機関を支援していくこと。それか

ら，目録を利用する利用者の利便に資することです。また，今日は宮澤先生からも国際的な目を持つべきというご指摘があったように，IFLAで推進している「ヴァーチャル国際典拠ファイル（VIAF）」に寄与することも目的に掲げました。

次に，これらの目的を実現するための，国内名称典拠コントロールの仕組みについてです。システム概念図（次頁参照）を付けましたので，ご覧下さい。概念図の右側のC，Dが，本日ご出席の各機関が参加していただく場合の参加機関を示しています。左下が一般の利用者を想定しています。

まず，当館の事務用データベースである，統合書誌データベース[4]から，典拠ファイルをダウンロードして，A（全日本典拠総合データベース(仮称)）というデータベースを形成します。そのAに対して，各参加機関がアクセスできる形を考えています。例えば，D・X・YはNIIのような書誌ユーティリティ。それからCは単館と考えていますが，本日の出席者で言えば，NII以外はCという形になると思います。

そして，C・Dにあたる参加機関には，最初に典拠データファイルを提供していただき，それを機械同定してAに収録します。その中で，私どもが国の典拠として承認したものを，本登録します。各機関の典拠ファイルを統合した段階で，Aのデータベースが発足することになると思います。そして日常的には，CやDからはAを参照および新規に作る典拠レコードを仮登録していただく。そして，その仮登録されたレコードを私どもが承認し，本登録するというサイクルを考えております。

次にデータ・フォーマットです。JAPAN/MARC(A)フォーマットを採用するという考え方もありますが，この典拠ファイルの対象は，いわゆるMARCに収まるものだけではない，広いものとなるという想定から，例えばメタデータにかかるLCなどのMODS[5]も含め，データ・フォーマットを考えていかなくてはならないと思います。

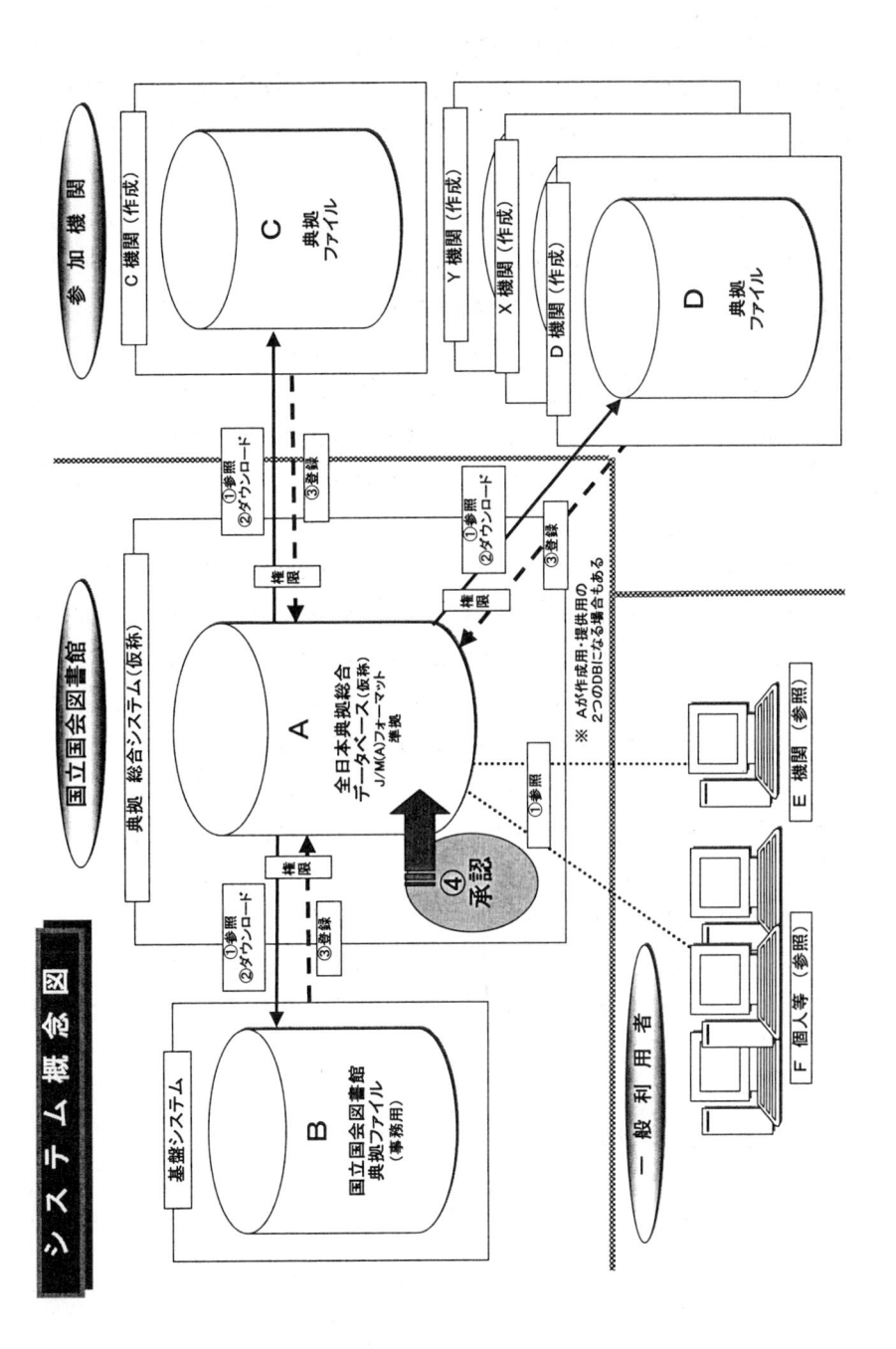

システム概念図

参加機関

C 機関（作成）
C 典拠ファイル

Y 機関（作成）
X 機関（作成）
D 機関（作成）
D 典拠ファイル

国立国会図書館

典拠総合システム（仮称）

①参照 ②ダウンロード ③登録
権限

①参照 ②ダウンロード ③登録
権限

A
全日本典拠総合データベース（仮称）
J/M(A)フォーマット準拠

④承認

①参照

※ Aが作成用・提供用の2つのDBになる場合もある

基盤システム

①参照 ②ダウンロード ③登録
権限

B
国立国会図書館典拠ファイル（事務用）

一般利用者

E 機関（参照）

F 個人等（参照）

それから，削除・訂正ですが，標目は，仮登録レコードも本登録レコードも各機関による削除・訂正はご遠慮いただき，私どもが国の典拠を維持管理していく。ただ，標目以外の項目は，仮登録レコードであれば，自由に削除・訂正できるという形も考えています。

　また，データベースの提供に関しては，一般の個人や機関の方には本登録レコードを参照していただき，典拠に関する情報を私どもにお寄せいただくという形を考えております。一方，参加機関の方には，典拠の作成に必要な本登録・仮登録レコードの両方を参照していただくという形を考えております。データの提供に関しては，個人情報の取扱い方針に基づいて提供していきたいと思います。それについては，あとで坂本から提起をさせていただきます。

　また，このデータベースの編集著作権は当館とし，責任をもって維持管理をしていきたいと考えています。

　このように，システムについて現在想定している概念的な形のみをお示ししました。今日，宮澤先生からシステムについての基本的な考え方を伺いましたが，それを参考にしながら，今後要件を詰めていかなくてはならないと思います。一応，集中型システムを考えていますが，プロトコルの利用，活用も必要になると思いますので，そうした場合には，例えば分散型もあるのかどうか，ご教示をお願いしたいと思っております。

　このデータベース構築に伴うサービスですが，①典拠データの精査・承認，②標目決定に対する問い合わせ対応，③基本的マニュアルの作成・提供，④研修・セミナーの実施，の四つを考えています。最近目録を作らない図書館が増えていますが，そういった図書館や，あるいは一般の利用者に対しても，典拠の有効性についての研修を行っていく必要があるのではないかと，考えた次第です。

　次に，想定される成果を，九つほど挙げました。

想定される成果
(1) 統一的、標準的な日本人著者名等の名称が定着し、国民全体のコミュニケーションに資する。
(2) 海外に統一的、標準的な「国の典拠ファイル」を提供できるようになる。そのことにより書誌情報の国際流通を促進し、日本の文化の国際理解に資する。
(3) 納本図書館であり全国書誌作成機関である国立国会図書館において、典拠データが集中的に維持管理されることにより標準化が図られ、国内における典拠コントロールが実現する。
(4) 国内出版物に係る著者標目等の統一がなされ、国内の目録における検索精度が高まる。
(5) 各種図書館の典拠データが統合されることにより、典拠データの網羅性、包括性が実現し、資料群や媒体を越えた著作の横断的検索の条件が整う。
(6) 各種総合目録において、正確な書誌同定が可能になり検索精度も高まる。そのことを通じて図書館間貸出、選書、レファレンス等の図書館業務に資する。
(7) 書誌作成機関が典拠データベースを参照し、典拠データの情報源として利用することにより、標目決定が容易となり典拠作業の効率化が図れる。
(8) 書誌作成機関において、品質および信頼性の高い典拠を作成できるようになる。
(9) 典拠データベースの成長に伴い、書誌作成機関ではアップトゥデイトな典拠管理を行うことが可能になる。

　客観的なものからわれわれ業界の主観的なものへ，並べてみました。もっとあるかもしれません。潜在的効用は高いと今日，内藤先生がおっしゃいましたが，これらの成果をぜひとも実現したいと思います。
　将来の展望ですが，この典拠システムを出発点として，総合目録等と連携していきたい。総合目録では，民間 MARC のシェアが高いですから，民間 MARC に入っていただくことにより，自動的に反映していくということもありえますが，

今後システム的に連携していくことはぜひとも考えなくてはならないと思います。

　次に，国内出版物全体の典拠コントロールです。私どもは今，和図書を中心にしていますが，これから AV 資料，その他多様なメディアに対応しなければいけないと思います。当館では，平成 18 年度からオンライン情報資源の制度上の収集が始まり，本格的に組織化していく局面にあります。さらに，オンライン情報資源には，もっとグローバルな環境があります。図書館の枠を超えて，文書館，美術館，博物館を含めた典拠コントロールの実現を目指す必要もあると思います。

　それから，オンライン情報資源が増大する環境の中で，検索には典拠のみならず，主題アクセスの高度化も図っていかなければいけない。これは，私どもも取り組みを始めました。また皆さんのお知恵を拝借することもあると思います。

　さらに，VIAF や LEAF といった国際的な動きにも対応し，最終的に，国際的な典拠データの共有や典拠コントロールの実現を促進したいと思います。

　なお当館には，著作権データベースとの統合の可能性についても，考えなくてはならない課題があります。展望は大きく広がりますが，それぞれ重い課題ばかりです。

　今後の想定スケジュールですが，次世代の電子図書館に関連する計画を当館で計画中ですので，その中に基盤整備として位置付け，その進捗に合わせてこの事業を実現しようと思っています。システムやデータの標準化などについては，まだ課題がたくさんありますが，なんとか実現を図っていきたいと思います。

注
1）典拠レコードのための機能要件と典拠番号（付録 3 参照）
2）Virtual International Authority File（ヴァーチャル国際典拠ファイル）の略。次の文献を参照。

デジタル環境における目録作成　バーバラ・B・ティレット米国議会図書館目録政策・支援室長講演会報告.『国立国会図書館月報』　No.496, 2002.7, p.20-25. ＜当館請求記号 Z21-146＞

3) Linking and Exploring Authority Files の略。ヨーロッパ各国の図書館等による名称典拠コントロールのプロジェクト。
　＜http://www.crxnet.com/leaf/index.html＞（last access 2004-03-11）

4) 国立国会図書館が書誌を作成し蓄積している事務用データベース。

5) Metadata Object Description Schema.
　＜http://www.loc.gov/standards/mods//＞（last access 2004-03-15）

■提起

典拠データにおける個人情報の取扱いについて

坂本　博（国立国会図書館書誌部書誌調整課長）

　従来から図書館では，人名の区別をするために生年，場合によっては没年を用いてきました。洋書の目録規則だと年月日まで書く場合も多くなってきましたが，最近，当館の業務で生年をお尋ねすると，著者の方，または出版社から，何でそんなことを聞くのか，何に使うのか，インターネットに載せては困ると，そういう声も聞かれるようになりました。これは，プライバシー権や自己決定権という権利意識の普及が大きな理由になっていると思います。

　一方，冒頭のご挨拶で部長の原田も申しましたように，図書館を取り巻く環境が大きく変わり，目録なども図書館の中にとどまらず，ネットを通じて広く普及して，だれでも情報にアクセスできるようになっています。

　そういう中で，個人情報の意義が非常に高くなっています。マスコミが注目する最近の話題としては，公務員の不祥事と，個人情報の流出ということがあると思います。それによる実害がなくても，流出の事実があっただけで，社会的に非常に大きな問題として取り上げられるようになってきているという状況があります。

　現在それを受けて，国の機関が情報収集した場合にも，みだりに情報を流してはいけないとか，本人が「自分の情報を見たい」と言ったら見せなければいけないとか，それから，「これは間違っているから直してほしい」と言ったら対応しなければいけないとか，そういうことも法律で規定されるようになっています。しかしながら，まだその法律は行政機関が対象で，立法機関である私どもに適用される法律は今のところありませんが，だからといってそういう法律ができた背景を無視することはできないと思います。

　これはわが国特有の現象なのかどうかということで，アメリカのRLG[1]を通じてLCに問い合わせたことがあるのですが，アメリカでも，わずかですが，「私の生年を付けては困る，削除してほしい」という申し出があり，LCも，NACO[2]

もそれに応じているそうです。

　ここでは二つのポイントがあると思います。一つは，滅多にそういうことはないということ。もう一つは，申し出があったら，削らないわけにはいかないということ。アメリカでも訴訟等を恐れ，削っているということです。滅多にないのはどうしてだと思うかと尋ねたところ，少なくともアメリカでは，図書館の目録とはそういうものだという意識が国民の間に定着しているので，あまり苦情を言う人はいないということでした。しかし残念ながら，わが国には今のところ，図書館の中にあって限られて使われていた目録が，広く国民にアクセスされるようになったときに，生年が付いていて当たり前だという認識は存在していないと思います。

　そのような事情を考えますと，やはり私どもとしては，今後，プライバシー権，自己決定権等を尊重して，本人の了解を得てデータを使用することを，念頭に置く必要があるのではないかと考えています。

　館内においても，確かに必要性はあって便利だということは認めるが，著者の識別は権利等にかかわるわけではない。無断で公開した場合の本人が被る不利益と，社会の利益を比較考量した場合に，著者の識別のためという理由は，ちょっと弱いのではないかという意見もあります。

　先ほど，那須が申しました「当館の保有する著作権データベースと統合の可能性についても，別途検討する」についてですが，今，関西館の電子図書館課で構築を研究しております著作権データベース，それとの統合を考えてみたらどうか。そうすると権利擁護ということになるので，著者の識別のためという理由も合理性が出てくるかもしれないという指摘も受けております。

　こういう中で，これから新しくシステムを作っていく場合に，生年以外に何か識別情報が考えられないか，例えば，国際典拠ナンバーのような番号でもやっていけるかということも考えていきたいと思います。機械の中では番号ですが，人間が見るときに，名前プラス番号という形が社会的に受け入れられるだろうか。そういうことも含めて，今後典拠のシステムを作るときには考えていかなければいけないということを最後に提起として申し上げたいと思います。

＜典拠データにおいて個人情報を取り扱う上でのポイント＞
①必要以上の個人情報は集めない、持たない、目的以外に使用させない。
②訂正要求は、本人の意向を尊重する。
③識別要素としての個人情報は、書誌情報としてのみ公開する。
④典拠作成協力機関に対し、守秘義務を課す。
⑤個人情報保護に充分留意した上で、情報提供組織（公共図書館、博物館等）の利用を考慮する。
⑥生年以外の識別情報（記号、番号、職業等）を検討する。

注
1) Research Libraries Group. ＜http://www.rlg.org/＞ (last access 2004-03-31)
2) Name Authority Cooperative Program（名称典拠共同プログラム）の略。詳細は付録4を参照。

■討議

コーディネーター：内藤　衛亮
（東洋大学社会学部教授）

坂本　今まで報告が続きましたが，これから皆さんに積極的に発言をしていただきたいと思います。先ほど，内藤先生には，国会図書館は今までナショナル典拠を作るチャンスが何度もあったというお話をいただきました。また，宮澤先生にも典拠システムを作るときの留意点をお話しいただきました。それから，那須と私が当館の考え方を申しました。これらを踏まえた上で，積極的なご発言をお願いしたいと思います。

宮澤　範囲をどういうふうに考えておられるのでしょうか。ナショナル・オーソリティというものを考えていくときに，今は著者名の典拠を一番中心に考えている。件名における個人名とか団体名は考えているのかいないのか，あるいはこれからこのシステムに含めるのかどうか。あとは，一般件名については考えているのか。

　それから著者名の典拠だけにしても，対象を，例えば和書に出てくるものに限るのか。和書というのは日本で出版されたという意味ですが，日本であっても英語で出版されたりするので，対象範囲について，何かお考えをお持ちかどうか伺いたいと思います。

那須　私の方からお答えします。本会議に先立つ2回の意見交換会でもお示ししましたが，名称典拠の範囲には，著者名，これは個人名・団体名を含みます。それから，地名，件名の中の個人名・団体名・地名・家族名を対象範囲としました。

　本来，名称典拠には統一タイトルなども入るべきと思いますが，今回は，まず名称典拠の，それも先ほど申し上げたような範囲で出発し，将来的には名称典拠全般をカバーする方向で，考えていこうと思っています。

典拠の対象ですが，今のところ「ジャポニカ」という概念で考えています。国内で刊行される洋書，それから日本に関係する資料の著者名典拠コントロールも行うことを考えているところです。

宮澤 今のお話だと，地名も範囲と考えるのでしょうか。それはすごく大変な気がするのですが。少なくとも私の意見では，とりあえず外した方がいいと思っています。

それから，件名における個人名・団体名の問題ですが，件名と著者名標目における個人名・団体名を全部一致させるという原則でいえば，それでよいのですが，先ほどの報告にもあったように，一致しないものもあります。また件名というのは全然違うメンテナンス・サイクルを持っていますから，件名のフィールドの中で著者名典拠を参照するという使い方を除いて，それは別にした方がいいのではないかという気もします。

それで，やりやすさの観点からいえば，著者名標目における個人名・団体名だけに，範囲を狭めてしまった方がよいのではないかと思っています。

古川 ただいまのご意見・ご質問に関連があるのですが，結局，典拠コントロールの対象は理論的に何と何なのかという問題になると思います。最大限を考えてみますと，個人名，団体名はもちろんですが，統一タイトル，集合的統一タイトル，普通件名，地名，家族名，名前＋タイトル，名前＋集合的統一タイトル，これらはUNIMARC/Authorities[1]に挙がっているものです。要するに，典拠コントロールの対象になり得るものを全部まず列挙して，そして各々の必要度あるいは難易度を考えて，何を外すか。それから残ったものについて，とりあえず何から始めて，どういう順番でそれに加えていくか。そういう全体的な構想が示されていないように思います。

また，あらかじめ配布していただいた資料の中に，統一タイトルが入っていないことを，残念に思っています。統一タイトルは，これだけ資料の形態が多様化している中で，著作を特定するために非常に大切なものなので，出発当初は無理であるにしても，できるだけ早い機会に加えていただきたいと考えております。

那須　どうもありがとうございました。一応出発点として，私どもが提供している典拠ファイルを中心に考えました。名称典拠の範囲は，理論的には今先生がおっしゃったようなことだと思います。

　統一タイトルの重要性についても同感です。例えば，国文学研究資料館が参加してくださるならば，特に和古書などの統一タイトルの重要性は，顕著になるだろうと想定されます。

坂本　目録の視点からは，古川先生のおっしゃる通りだと思いますが，こういう作業が具体化するときには，関係機関の持っている典拠ファイルをまずマージして元になるファイルを作り，それから徐々に広げていくという形になるかと思います。統一タイトルは，音楽資料なども対象とするなら絶対必要ですので，今後もできるだけ早い機会に実現するように努力していくつもりでおります。

大場　関西館の著作権データベースとの統合というスキームは，どういうふうに考えるのか，よく分からないのですが。

坂本　著作権データベースも著者名典拠も，どちらも人名が検索キーになり，また，どちらも関係付けをしなければならない点では共通です。また当館の事情としても，名前でアクセスするデータベースを，二つも作るのかという話があります。それから，ヨーロッパ等では統合の方向に進んでいるということもあり，当館で話を始めた段階です。

　当館のデータベースの典拠を著作権のファイルと混ぜられるかどうかというところから，検討が始まると思います。

宮澤　著作権データベースの中身が全く分かりません。

坂本　多種多様なのですが，今のところ私どもが把握しているのは，著作権が切れている著者の没年です。それから，この著作についてはだれが権利を持っているか，電子化する許諾を得られたか，インターネットで公開する許諾を得

られたか，そういう公開に関する情報です。

那須 私どもは，当館所蔵資料を電子化する過程で著作権処理を行っておりますが，それを基本にしたデータです。
　当館は著作権管理機関ではありませんから，その著作権データの利用目的は，管理機関のものとは違うと思います。

大場 今わかりました。つまり，国際子ども図書館等で以前，著作権の許諾処理を行ったときの個人データベースがあって，それとの統合という意味なのでしょうか。とすれば，統合ではなく連携ではないのでしょうか。両者は目的が違うデータベースだという気がします。

坂本 おっしゃる通り，権利関係では文化庁に登録するということになっていまして，私も初めは，著作権データベースとは別に考えるべきだと思いました。しかし，国会図書館で著作権調査をしてデータベースを持っているという話を聞いた方からは，リプリントを出したり合集を作ったりするときに，自分で調査しなくていいので，国会図書館が調査し，公開してくれれば便利だという話があり，その方向から進んできているということです。必ずしも統合するというわけではありませんし，話を始めた段階にすぎません。
　その他，システム等についてはいかがですか。それぞれの機関でシステムをお持ちであり，宮澤先生からもお話がありましたが，総論としてはともかく各論になると，いろいろな問題が出てくるのではないかと思います。

本間 今日は勉強のためにお邪魔しています。資料に「ヴァーチャル典拠（VIAF）[2]を視野に入れるべき」という意見が書いてあるのですが，このことについて内藤先生にご説明いただきたいと思いました。

内藤 バーバラ・ティレットさん[3]が来日したときの記録が，私の資料に挙げたURL[4]の中に出てきますし，印刷したものの余部もあります。
　仕掛けは，データ同士をリンクするというもので，そんなに難しいものでは

−98−

ないです。

那須 今ティレットさんの話が出ましたが，ティレットさんが来日したときに，私どものところでも講演をしていただきました。その記録が，『国立国会図書館月報』の496号[5]に掲載されています。

非常に分かりやすい講演でした。要するに，典拠ファイルが英米中心になっているのを，世界中の典拠を，ローカルな言語や文字のものを統合して，各人について世界で一つの標目を作ろうということがコンセプトになっていると思います。

古川先生，それでよいでしょうか。

古川 無理に一つに統一するということではなく，いろいろな国，特に言語によって標目の形が違うわけですが，それをリンクさせることで統合していこうということだったと思います。

坂本 とにかく実際にどこか1箇所に存在するのではないが，仮想空間としてある場所をサーチすると発見できるということです。それで，日本がそこに参加する場合に，日本の代表となれるような「国の典拠」を作りたい。そういう意味で申し上げております。

宮澤 先ほど，LEAF[6]というものを紹介しましたが，VIAFに対してLEAFというのはどういう関係にあるのか，どうもよく分からないのです。ひょっとすると，ドイツ図書館とベルリン国立図書館に分かれていますので，いろいろなものが競争でやっているのかなという気もします。

そのLEAFの参加館を見ますと，オブザーバーとしては，フランスやイギリスの国立図書館が入っているのですが，正式参加館ではありません。どちらかというと，ポルトガルやオーストリアが力を入れているみたいです。そういう動きとVIAFが今後どうなっていくかは，よくよく見ておく必要があると思っています。

ちなみにアジアでは，香港がHKCAN (Hong Kong Chinese Authority (Name)

Workgroup）[7]というのをやっていて，それがかなりLEAF寄りのようです。その関係で，中国の国家図書館がLEAFに入るかどうかを考えているという話を聞きました。世の中いろいろだと思っております。

那須　ティレットさんの講演報告に，古川先生がおっしゃったことと関連していることが書かれておりますので一部読み上げます。
「世界的に再使用できる書誌レコードの作成や典拠作業の共有を目的として，全国書誌作成機関による各国・地域の典拠ファイルで確立した名称，タイトル，主題の標目形式をリンクした，ヴァーチャル国際典拠ファイルの構想が生まれた。このファイルには幾つかのモデルが考えられる。OAIプロトコルを使用した集中モデルはその一例である。このモデルでは，各国の典拠ファイルから，OAIプロトコルを用いて収集したメタデータを，一つまたは複数のサーバに格納し，ヴァーチャル国際典拠ファイルを構築する。各国のファイルが更新されるつど，サーバも更新されるので，レコードの維持管理の点では優れたモデルである。」

坂本　本間さんのご発言との関係で言いますと，世界に出ていくには，それなりに国内をきちんとしないといけないので，そのために「国の典拠」を作るということを，先ほど提起したわけです。

本間　実は私たち自身は，典拠のことではありませんが，読者サービスの観点から，日本にある書誌データベースの一部を限られた範囲で流通対応させるシステムをヴァーチャルでやろう，そうしないことには既製システムとの調整が取れないというところに行き着きました。それで私たち自身が，ヴァーチャル・システムを3年前から研究しています。
　それで，システム概念図に参加機関A・B・C（p.85参照）がありますが，ここもその仕掛けでやるという考えはあるのか，ということを質問させてもらいました。

坂本　どうもありがとうございました。日本でも，資料の中に書誌データが入

るCIP[8]のようなことができないか，万引き防止のICタグに書誌データも入らないか，そういうことがこれから発展していくのではないか，と私どもは思っております。その関係で本日わざわざ本間さんにおいでいただいたので，ありがたい発言だったと思います。

宮澤 システムに関連して，今日報告された皆さんにお聞きしたいのですが，増加量がどれぐらいかということは，システムを考えるときにかなり大きなキーになります。ちなみにNACSIS-CATの増加量が1日百数十件から200件ですが，国会図書館を含めて，皆さんから伺えるとありがたいと思います。

小池 NDLは，月に大体2,500から2,600件増加しております。

坂本 他の機関については，別途記録集の資料（付録2参照）として，まとめてご報告させていただきたいと思います。

那須 NIIの場合には洋書がありますので，127万件のうち30%が国内ということですね。私どもは，ここでの洋書は国内刊行洋書だけです。国外刊行の洋書も典拠コントロールをしておりますが，典拠ファイルとして構築していないのです。

内藤 先ほどご指摘の，「国の典拠」をVIAFで考えたらどうかというのは，今まで話題に出てこなかったと思うのです。これはアメリカのものだと思っていた。もしかして革命的な指摘かもしれません。

那須 意見交換会ではその点は出しませんでしたが，宮澤先生からプロトコルを考えたらどうかという指摘を受け，考え方の提起の資料に，VIAFとは明言していませんが，「一方，各機関の典拠ファイルからプロトコルを用いて収集したメタデータにより集中型の典拠ファイルを構築する方法もあり，システムについてはこれも含め，今後の検討が必要である」と，書きました。そういうことも検討しなくてはならない，と思っております。

吉田　今後の想定スケジュールについてですが，意見交換会のときに，まずは国立国会図書館とNIIの典拠を統合した方がよいのではないかというお話もあったと思いますが，今考えられている今後のスケジュールがあったら，教えていただければと思います。

那須　考え方の提起の資料に，参加機関の説明として「登録制とし，当初は国立情報学研究所（NII），民間のMARC作成機関等の参加を想定し，順次，各種図書館等国内外の書誌作成機関に拡大する」と書いてあります。
　意見交換会でもご意見をいただきましたが，やはり，まずNIIとの統合を考えなくてはならないと思います。しかし，民間MARCが参加することの意義は，非常に高い。総合目録でも大きいシェアを占めていますので，できるだけ早い時期に参加をお願いできればと思っています。
　また，今日参加していただいた国文学研究資料館，あるいは大学等の機関においても，さらには公共図書館等で非常にユニークな資料をお持ちのところ，あるいは郷土資料等の目録をオリジナルで作っているところなどにも参加していただければ，本当の意味での国の典拠が出来上がっていくのではないかと，夢が広がります。

吉田　最初に，ある程度の機関と統合してから始まると考えていらっしゃるのでしょうか。それとも，まずNDLの典拠，目録規則等を公開して，そこから順次参加館を増やすという形を考えていらっしゃるのでしょうか。

那須　考え方でも述べましたが，まず公開すること，インターネットなどを通じて提供することの意義は，十分に認識しております。ただ，公開するだけではなく，データベースやシステムを作ることにより，当館にとどまらない国の典拠の実現を標榜したいと思います。

坂本　宮澤先生のお話の中で，中央の1点から放射状に伸びている図と，各機関が全部直接結びついている図がありました。私どもとしては真ん中に当館がある図を想定していますが，このくらいだったら全部結んでもよいのではない

かというご意見も，もしかしたらあるかと思います。
　ただ，これは私の偏見ですが，共同で対等と言いますと，なかなかうまくいかないことも世の中にあるようです。例えば，私どもが承認して，本登録するという辺りは，正に当館が中心になって国内をきちんとしたあと，世界の方に出ていこうというふうにも受け取れるかと思うのですが，その辺について何かご意見ございますでしょうか。

宮澤　ナショナル・ライブラリーですから，それだけの責任と義務を持ってやっていただきたいと思います。

坂本　ナショナル・ライブラリーとして，自覚していかなければならないと思っております。

内藤　私がビジネス・モデルと言っているのは，ちゃんとお客さんを引き寄せなさいということです。どれから始めるかというのは，古川先生もおっしゃった，プライオリティーという議論もありましたように，やりやすいところというのはあるだろうし，それからサポーターが付いてくるやり方もあるのではないか，と思いました。

坂本　初めに私どもの部長も言いましたが，環境が変化し，国立図書館というものは一部の方が使うだけではなくなりました。
　そういう中で，何か新しい仕事を始めるには，おっしゃるようにサポーターというか，一般受けしないと，なかなか予算が回ってきません。先ほど，長嶺が発表しました総合目録も，当館の OPAC と同様に高く評価されているようですが，典拠コントロールしていないけれど評価されているのですね。やはり探せる部分が大きい。しかし，「これはどこにあるか」というところから，「この人の著作はもっとほかにないのか」という方向に進めば，これも典拠コントロールをしなければならなくなるわけで，そういう意味では外にサポーターを探しつつ，みんなから望まれるシステムに育てていかなければならない。それは内藤先生のおっしゃる通りだと思います。

那須 内藤先生がおっしゃったことについて，思うところが二つあります。

一つは，検索により資料を探している人と，典拠データベースそのものの利用者の，両方の利用者にとって便利なものにしたいということ。

もう一つは，内藤先生の講演の中で「小学生から新聞記者まで」とありましたが，人名辞典のように使われること。小学生が「国の典拠データベース」を見ているというのもなかなか感動的だなと思いました。

坂本 今の，「国の典拠」という意味では，図書館だけでなくて博物館，文書館，音楽団体，学校，出版社などでも，例えば教科書に出てくる名前を調べるときなど，図書館の資料検索以上に役に立つように，考えていかなければならないと思っています。

そろそろコーディネーターである内藤先生に討議のまとめをお願いして，終了したいと思います。

内藤 今日のところは，順番をなぞるような形で復習をさせていただきます。いずれまた文書に直したものをお諮りします。

最初，私と宮澤先生が話をしました。私は，これからナショナル典拠データベース，あるいはナショナル典拠サービスが要るということを提案しました。それから宮澤先生からは，その典拠コントロール・システムの留意点，あるいは考え方についてお話しいただきました。

そのあと，NDL，NII，TRC，日販，都立図書館，早稲田大学，国文研，とご報告いただきました。

討議に先立って，那須さんから国内名称典拠コントロールの提案があり，そのあと個人情報についての考え方，あるいは問題点の復習というか，枠組みということで，ペーパーが一つ出ています。これは，共通理解を深めるためにもう少し議論する必要があるかもしれません。

そしてディスカッションが始まりました。幾つかのトピックが挙がっています。典拠の範囲が，今日の前半戦だったと思います。提案するスタートとしてはNDLの和図書という話ではありましたが，いずれどこまで行くのかという意味で，古川先生がおっしゃったように，まず列挙して難易度と優先順位を示す

ことも,恐らく必要だと思います。

　あとは,著作権データベースという話題が出ました。質問は,典拠とどういう関係かということから始まったと思うのですが,実際に使われている人名データベースとして需要があるという部分を倣うべきだと,私は思います。

　それから,本間さんが今日は鋭い指摘をなさいました。VIAFは一部に知られてはいますが,まだよく分からない面があって,今まで話題に挙がっていませんでしたが,もしかすると可能性としてはあるかもしれないということを指摘されました。

　あと,宮澤先生から問いかけがあったのが増加量です。システムの議論をするときの,最初の出発点です。その数量的な実際の値と目標値についての議論が必要というご指摘だと理解しました。

　今後のスケジュールについて,吉田さんからご発言がありました。どういう統合の順番か,それからサービスの姿がどういうものかという問いかけだと私は理解しましたが,今日の国会図書館の提案書を,もう少し具体的な形にしたら,もっとサポートが得られるのではないかと思います。

　それから,今後のスケジュールというとき,私は「やりやすさ」と言ってしまいましたが,要するにサポーターをいろいろなところに持つということ。財政当局をサポーターにすることもあるし,私が言っているのは小学生から新聞記者までサポーターにするということだし,何よりも図書館あるいは書誌データベースを作っている民間MARCの方々もサポーターになっていただけるようなサービスが要るということです。

　とりあえず拾い上げたキーワードを並べてみました。また後刻,文案の形でお諮りすることになると思います。ご協力よろしくお願いいたします。ありがとうございました。

注

1) IFLAが,全国書誌作成機関どうしの典拠データの国際交換を目的に開発した機械可読フォーマット。原著は1991年刊 (" UNIMARC/Authorities : universal format for authorities." K.G. Saur, 1991, 80p. ＜当館請求

記号UL631-A134＞），邦訳は1994年刊（『UNIMARC/Authorities：典拠ユニバーサルフォーマット』国立国会図書館，1994.3，91p.＜当館請求記号UL31-E44＞）。

2）Virtual International Authority File.（ヴァーチャル国際典拠ファイル）下記文献を参照。
デジタル環境における目録作成　バーバラ・B・ティレット米国議会図書館目録政策・支援室長講演会報告.『国立国会図書館月報』No.496，2002.7，p.20-25.＜当館請求記号Z21-146＞

3）バーバラ・B・ティレット氏（アメリカ議会図書館目録政策・支援室長）

4）日本語，中国語，韓国語の名前典拠ワークショップ記録　第3回
＜http://www.nii.ac.jp/publications/CJK-WS3/mokuji.html＞（last access 2004-03-31）

5）前掲2）参照

6）Linking and Exploring Authority Files の略。ヨーロッパ各国の図書館等による名称典拠コントロールのプロジェクト。
＜http://www.crxnet.com/leaf/index.html＞（last access 2004-03-11）

7）Hong Kong Chinese Authority (Name) (HKCAN) Workgroup. 中国漢字の特性を反映した，中国の人名・団体名のDBを作成するプロジェクト。1999年香港の学術図書館のグループが開始。
＜http://hkcan.ln.edu.hk/＞（last access 2004-03-05）

8）Cataloging in publication の略。資料の出版に先立ち出版者から提供される情報に基づいて，集中目録機関が書誌的記録を作成し，その記録を出版者が資料に印刷して出版すること。

「国の典拠」の構築に期待する—討議のまとめに代えて

内藤　衛亮（東洋大学教授）

はじめに

　2003年11月21日に開催された第4回書誌調整連絡会議「名称典拠のコントロール」では，後半に「討議」の時間が設けられ「国内名称典拠コントロールに関する考え方」と，「典拠データにおける個人情報の取り扱いについて」という二つの提起があり，それを巡って参加者全員による討議が持たれた。国立国会図書館の求めに応じて，以下，討議のあいだに感じたことを述べて「討議のまとめ」に代える。

(1) 討議の前提—全国書誌データベースと商用書誌データベース

　JAPAN/MARCは納本制度に基づいた日本の全国書誌であり，あり得べき全国書誌の真正さ（authenticity）が求められつつも，商用書誌データベース・サービスの方が速報性が高いゆえに実用上は重用されてきた，大学図書館が大規模なネットワーク・システムにおいて典拠コントロールをし，著者名からのアクセスを実現している，あるいは日本の古典籍の典拠コントロールは完成している，などの現状を前提としつつ，討議が進められた。

(2)「国の典拠」ネットワーク・システム構築の必要性

　JAPAN/MARCが我が国の図書館にとって重要な要素になっているという現実を踏まえればこそ，「国の典拠」が望ましい。しかし，日本で現在稼働している書誌情報ネットワークや書誌データベース・サービスでは，いまのところ，図書と雑誌論文の著者とが別個に扱われている，作成機関も多様であり，個々の作成機関の内部においてさえも，将来計画はあるとしても，現時点では統合作成や統合提供が実現されていない。しかし，利用者にとって著者名から関連する出版物のすべてを横断的に検索できることが明らかに理想の一つであり，そのようなシステムを構築させる必要性がある。

(3)「国の典拠」の対象および収録範囲

　「国内名称典拠コントロールに関する考え方」として提案された，全国的な典拠データ構築システムは，一方では，全国書誌作成機関の国立国会図書館が，

データの真正さを保証しようとする使命を果たし,他方で,情報サービスの速報性を共同構築によって確保しようとするものである。提起された「国の典拠」というコトバには,和図書に限定されない「著者」が対象となることが意味されている。媒体の種類を問わず,さらにネットワーク情報資源をも対象にして「国の典拠」と呼ぶにふさわしいデータベースを構築しなくてはならない。

(4) 共同構築の促進要因

今回,討議に招聘された組織は,それぞれの使命とビジネス機会に基づいて運営されている。それぞれが独立した運営を行っていることに,さほどの不自由を感じていないという現実の中で,それぞれの組織にとって典拠データの共同構築・利用システムをあらたに設立運営するための促進要因は,どこにあるだろうか。書誌データベースの利用者が図書館と出版物の読者という二つのレベルから成ることは言うまでもないが,それぞれの組織が出版物の読者を意識すれば,当然共同構築の必要性が認識されるはずである。しかし,それぞれの組織が定款の制約や運営上の不利益を越えてまで,これを実現すべき根拠は,読者の便宜だけではないであろう。

これまでの書誌情報作成が発展普及した要因の一つに,出版物の権利(もしくは利権)と関係ないかたちで「無風地帯」的な運営が可能であったことが挙げられる。しかし,これからのインターネット時代の情報サービスにおいては,さまざまな権利関係を検討することが課題となる。その意味で今回提起された「個人情報の取り扱い」もその一つであり,作成者側は,国の機関が権利関係に配慮しながら進める事業に参加することの利得について検討する価値があるかもしれない。

(5)「国の典拠」のもう一つの側面—国際貢献

海外への日本情報の提供はさまざまなかたちで可能であり,現に行われている。国際図書館連盟が長らく推進してきたさまざまな事業からも明らかなように,海外への情報提供には,その基幹要素として全国書誌データベースが尊重され,重要な役割を負っている。ここに「国の典拠」の国際貢献という大きな使命がある。また欧米各国の典拠コントロール事業開発も,インターネットを踏まえて躍進している模様である。このような状況における方向性を捕捉し,協同の手がかりを模索し,そのための要員を育成することこそは国立国会図書

館の使命である。

(6)「国の典拠」を目指すパイロット事業の提案

　NII/NACSIS-CATの出発点は三つの大学図書館であり,小規模なパイロットから着手した。しかも当初の構想は依然として変わっていない。しかし開発計画は,現在までの参加館側のさまざまな努力に支えられて,漸進的に拡大してきた。システム運営のあり方は,参加館の数が増えるにつれて,手直しされてきている。国立国会図書館がいずれパイロット事業を開始する際には,大規模な構想のもとに,段階的な開発計画を提示することが必要であり,今回の「討議」は,その手始めの第一歩であろうし,「国の典拠」を目指すパイロット事業の提案が待たれるところである。

おわりに

　国家書誌調整課題ひいては世界書誌調整課題である「国の典拠」の構築を巡って議論することができた。この事業は,真に有意義な国家的,文化的な大事業である。応用範囲も極めて広い。今回の会議では,各機関が細部では問題を指摘したが,大枠では事業の意義を認め,協力することを確認し合えたと言えよう。国立国会図書館の早期の事業化と強力なリーダーシップに期待したい。

■閉会挨拶

那須　雅煕（国立国会図書館書誌部司書監）

　本日は，長時間にわたり，ご報告，ご意見をいただき，ありがとうございました。

　また，ほとんどの方々には，会議に先立ち開催した2回の意見交換会にもご参加いただきましたので，半年近く私どもとお付き合いをいただいたことになりますが，本当にお世話になりました。心から御礼を申し上げます。

　「国内名称典拠コントロール」の事業の意義については，今日はご意見が出ませんでしたが，すでに意見交換会で皆様にお認めいただいており，今後，これに取り組もうとする当館にとりまして大きな励みになりました。また，皆様からいただいたご意見から，問題点も多々浮き彫りになりました。これらを皆様と共有し，共通の問題意識をもつことで，長い間の懸案でありました「国の典拠ファイル」の構築に向けて一歩を踏み出したことと確信いたします。わが国は，世界的にみて確かに遅れをとっているかもしれませんが，追うものの利として，より良いものを作るチャンスを与えられているとも考えられます。

　図書館をとりまく環境は激変しておりますが，この事業を，わが館の将来の電子図書館の基礎として，世界に目を向けた広い視野と新しい技術のもとで実現することを目指します。そのため，本日の会議をスタートとして，引き続き，皆様とは実質的なご相談をさせていただくことになりますが，変わらぬご指導，ご鞭撻をお願いしたいと存じます。

　本日の会議の成果を確認し，この辺で会議を終了させていただきます。重ねてご協力に感謝申し上げ，私のご挨拶といたします。

付　録

付録1　第4回書誌調整連絡会議に向けた意見交換会の記録

付録2　各機関における名称典拠コントロールの状況
　　概要を比較する目的で各機関に質問票を送付し，回答を得てまとめたもの。
　　一部の項目を除き，内容の精粗および表現の統一は行っていない。
　　また，記載内容については必ずしも網羅的ではない場合がある。

付録3　IFLA UBCIMの活動—1996年以降を中心に—

付録4　NACO (Name Authority Cooperative Program) について

付録5　個人情報保護　参考法律（抄）

付録6　典拠コントロール関連文献リスト
・図書（1990年以降，著者名順）
　　記載事項：著者・編者，書名，版表示，出版事項，国立国会図書館請求記号
・論文（一部著者を除き1998年以降，著者名順（同一著者は，刊行年の昇順））
　　記載事項：著者，論題，掲載雑誌名，巻号，刊行年[月]，掲載頁，
　　　　　　refs. (参考文献あり), tbls. (表あり) などの記号（ただし欧文
　　　　　　のみ），国立国会図書館請求記号※
　　　　　※請求記号について
　　　　　　請求記号は，雑誌ごとに付与されている。記載がないものは，論文
　　　　　　掲載雑誌を当館が所蔵していない，または，掲載号が欠号である。
・国際会議
　　記載事項：会議名，開催年月日，開催地，URL

○付録2, 3, 4, 6は，第4回書誌調整連絡会議の配布資料を改訂した。

■付録　1

第4回書誌調整連絡会議に向けた意見交換会の記録

第1回

開催日　　平成15年7月30日（水）

外部出席者（敬称略，所属・役職は「参加者一覧」を参照）

　大場高志，粕谷紳二，白石英理子※，内藤衛亮，藤巻俊樹，宮澤彰，
　吉田絵美子

　※第1回意見交換会のみ参加。
　　所属・役職は，東京都立中央図書館サービス部資料管理課目録管理担当次席。

内容
1．第4回書誌調整連絡会議開催の趣旨と意見交換会について
2．典拠コントロールに関する最近の国内外の動向
3．今後の国内名称典拠コントロールに関する国立国会図書館の考え方について（以下，「素案①」とする）
　　※「素案①」は，第4回書誌調整連絡会議において提起した「国内名称典拠コントロールに関する考え方」（以下，「考え方」とする）のドラフトである。
4．典拠データにおける個人情報の取扱いに関する考え方について
5．意見交換
6．国立国会図書館の名称典拠コントロールの現状

報告・意見交換の概要

　国立国会図書館から，典拠コントロールに関する最近の国内外の動向を踏まえ，「名称典拠コントロール」を第4回書誌調整連絡会議のテーマとした経緯，会議の目的及び意見交換会の趣旨について説明した。次いで，「素案①」について大筋の考え方を説明し，意見を求めた。また，当館の「典拠データにおける個人情報の取扱いに関する考え方」について口頭で説明し，問題を提起した。

さらに、当館の名称典拠コントロールの現状を報告し、質疑を行った。

主な意見・質疑
- 「名称典拠」とはどのような範囲か。
- 参加機関の追加データを登録する前に、当館が承認する理由は何か。
- 参加型のシステムであれば、全体のシステムが動くようにすることが肝要である。レコード調整等には迅速な対応が必要となろう。
- 目録を作成する機関が減少しているのでどの位参加がみこめるか。また、支援が可能か。
- 第4回書誌調整連絡会議までにシステム要件をもっと詰める必要がある。

第2回
開催日　　平成15年10月2日（木）
外部出席者（敬称略、所属・役職は「参加者一覧」を参照）
　阿部真弓、大場高志、粕谷紳二、藤巻俊樹、宮澤彰、吉田絵美子

内容
1．各機関における名称典拠コントロールの状況
2．「今後の国内名称典拠コントロールに関する国立国会図書館の考え方について」に対する各機関の意見
3．国内名称典拠コントロールに関する提案（素案）（以下、「素案②」とする）
　　　※「素案②」は、「素案①」を改訂した「考え方」のドラフトである。
4．典拠データにおける個人情報の取扱いに関する方針について
5．意見交換

報告・意見交換の概要
　第1回意見交換会において各機関に依頼した名称典拠コントロールの状況報告及び「素案①」に対する意見を、事前に受領した。それをもとに、各機関における名称典拠コントロールの状況のまとめを報告し、次いで「素案①」に対

する意見集約結果を報告した。さらに，第1回意見交換会における意見も取り入れた「素案②」を提示し，意見を求めた。また，第4回書誌調整連絡会議で提案を予定している「典拠データにおける個人情報の取扱いに関する方針」の考え方を説明し，意見を求めた。最後に，同会議の概要を説明した。

主な意見・質疑
- システムについては，データのやりとりに関しプロトコルも含めて考えるとよい。また，インターフェイスや機能をどうつくるのかが重要である。
- 「ヴァーチャル国際典拠ファイル」への参加は，システムやデータベース構築の当初から考えておいた方がよい。
- 日本で典拠総合データベースを構築し，国際的に貢献する，ということを早く公表すべきである。
- 典拠総合データベースのデータにおける「双子の統合」と「分割」が厄介である。特に典拠総合システム外のシステムとの間の問題が大きい。
- 典拠参照機能だけでなく，典拠にリンクした書誌を参照する機能等が必要である。
- 各参加機関が累積したデータの標目形は現在不統一だが，統合後のデータベースには各機関の標目形が入っていることが望ましい。
- 日々相互にデータが増える中，初期データを同定識別せねばならないため，統合時の作業（名寄せ）の困難が想定される。
- 古い名称典拠も含めるならば，国文学研究資料館の参加を考えるべきである。
- データの利用に関して，一般と参加機関の間に中間を設けることは，システム的な観点で言えばやらないほうがよい。中間レベルは運用で行えばよい。
- NDLが事業を行うと公表すれば，協力する体制を作ることができる。
- 民間会社はメリットがないと参加は難しい。
- この事業がうまくいけば，世界に例を見ないものになる。

■付録2　　　各機関における名称典拠コントロールの状況

no.	項目	国立情報学研究所	図書館流通センター	日販図書館サービス
1	準拠目録規則	NCR1987改訂版 （日本名, 中国名, 韓国・朝鮮名） AACR2（上記以外）	NCR1987改訂版	NCR1987改訂版
2	典拠レコード件数	1,265,703件（著者） 　　（2003.9現在）		526,758件 東洋人名　302,025件 西洋人名　154,826件 団体名　　69,907件 　　（2003.9.30現在）
3	典拠レコード 増加・訂正件数（年間） ①新規作成 ②標目訂正・追記・削除	① 45,000件 ② 訂正・追記　25,000件 　　削除　　　　1,000件		① 20,440件 東洋人名　14,502件 西洋人名　3,182件 団体名　　2,756件 　　（2002年） ② 標目訂正 東洋人名　　41件 西洋人名　　15件 団体名　　　14件 　追記訂正 東洋人名　4,330件 西洋人名　4,295件 団体名　　1,595件 　　（2002年）
4	典拠レコードのID番号 ①桁数 ②例示	① 10桁 （コード2桁+数字7桁+チェックディジット） ② 例：DA0000001X 　　　DA00000020	① 15桁 ② 日本人東洋人　110001234560000 西洋人　　　　120000123450000 団体　　　　　210000123450000 一般件名　　　510060210000000 地名件名　　　520103800000000 書名件名　　　530101200000000	① 8桁 ② 東洋人名　1xxxxxxx 西洋人名　2xxxxxxx 団体名　　3xxxxxxx ※参照形には識別用のシーケンスナンバー(4桁)を付与
5	典拠の対象	・和図書 ・和雑誌 ・洋図書 ・洋雑誌	・新刊図書 ・既刊図書 ・紙芝居 ・視聴覚資料	・NS-MARC（和図書） ・ビデオカセット, ビデオディスク, DVD, 録音カセット等
6	作成典拠の種類 （典拠種別）	個人名(著者) 団体名(著者) 会議名(著者) 統一書名	個人名(著者・件名) 団体名(著者・件名) 普通件名(家族名, その他の固有名含む) 地名件名 作品件名(統一タイトル)	個人名(著者・件名) 団体名(著者・件名) 地名(件名) 家族名(件名) 統一タイトル(件名) その他の固有名(件名) 普通件名

no.	東京都立中央図書館	早稲田大学図書館	国文学研究資料館	国立国会図書館
1	NCR1987改訂版	NCR1987改訂版 AACR2（洋書）	NCR1987改訂版に準拠していない ・統合古典籍データベース著者データ作成マニュアル ・統合古典籍データベース著作データ作成マニュアル	NCR1987改訂版
2	605,208件 個人名　　498,085件 団体名　　102,230件 地名　　　4,893件 （2003.9現在）	54,020件 個人名　　32,281件 団体名　　4,756件 会議名　　　390件 統一タイトル 13,867件 一般件名　2,254件 地名件名　　464件 その他　　　　8件 （2003.10.30現在）	65,500件（著者） 個人名　　65,350件 団体名　　　150件 436,000件（著作） （2003.10現在）	697,357件（著者） 個人名　約570,000件 団体名　約120,000件 （2003.9現在）
3	① 約23,200件 　個人名　　18,000件 　団体名　　5,200件 　地名　　　約10件 　（TRC典拠購入のため多いうち都立作成　計1,100件） ② 訂正・追記 19,600件 　削除　　　1,200件 　（TRCと統一標目形が異なるため多い）	① 13,677件 　個人名　　9,637件 　団体名　　1,331件 　会議名　　　147件 　統一タイトル 2,378件 　一般件名　　114件 　地名件名　　　70件 　（2002.11～2003.10）	① 　250件（著者） 　1,500件（著作） ② 訂正・追記 　250件（著者） 　900件（著作） 　（2002.4～2003.3）	① 約25,200件 ② 訂正　　1,255件 　追記　　6,104件 　削除　　　139件 　（2002.10～2003.9）
4	① 10桁 （典拠種別：2桁+個別No：8桁） ② 日本人東洋人　1100247455 西洋人　　　　1200319453 団体（含会議名）2100319453 地名　　　　　9100001237	① 9桁 （プレフィクス「A」+数字8桁） ② 例： A10553162	① 可変長 （連番を自動付与）	① 8桁 （連番を自動付与）
5	・和図書（明治期～） ・電子資料（和パッケージ系） ・地図（和） ・紙芝居	・和図書 ・和雑誌 ・洋図書 ・洋雑誌	・日本古典籍 （明治本，漢籍を若干含む）	・和図書 ・国内刊行洋図書 ・電子資料（和パッケージ系） ・非図書（和） ・地図（和） ・和古書
6	個人名（著者・件名） 団体名（著者・件名） 地名（件名）	個人名（著者・件名） 団体名（著者・件名） 会議名（著者・件名） 統一タイトル 一般件名 地名件名	個人名（著者） 団体名（著者） 書名（著作）	個人名（著者・件名） 団体名（著者・件名） 地名（件名） 家族名（件名） 統一タイトル（件名） その他の固有名（件名） 普通件名

no.	項目		国立情報学研究所	図書館流通センター	日販図書館サービス
7	書誌データ項目とのリンク関連の有無		有	有	有 著者標目(内容細目含む),件名標目とリンク
8	個人・日本人名	標目形の採用基準	・目録対象資料中の表記でもっとも共通性の高い名称	・目録対象資料中の表記形を採用 ・近世以前の人物は一名称に統一　それ以降の人物はそれぞれの名称を統一標目とする	・初出時の図書の表示を標目形決定の根拠とする ・同人は一名称に統一
9		付記事項	・世系,生年は判明する限りにおいて記録 ・専攻・職業は,なお識別不能な場合に記録	・同姓同名2者から記録 ・生没年,専攻・職業で区別 ・専攻・職業は生没年不明,または生没年でも識別不能な場合に記録 ・世系は判明する限りおいて記録	・同名異人2人目以降に対し,第一に生年,第二に専攻・職業を記録 ・没年は記録しない ・世系のある人名は世系を付記 ・件名は判明するすべてに生没年付記
10		「を見よ」参照	「から見よ参照形」 ・統一標目形に採用しなかった別形 ・標目決定に使用しなかった目録規則に基づく標目形	・対象資料から責任表示として採用した表記形で統一標目と異なるすべての名称 ・その他記述に現れないが判明した名称 ・資料によって異なるよみ	・図書の表示その他の情報源より判明した,統一形と異なる名称や読み
11		「をも見よ」参照	「からも見よ参照形」 ・改姓,複数名称を使い分ける場合 ・参照先のレコードIDを記録	・改姓改名 ・著作の内容によって使い分けしている場合 ・参照先のレコードIDを記録	・改姓改名の場合 ・著作の内容によって複数の名称を使い分けている場合 ・参照先のレコードIDを記録
12	個人・中国人名	標目形の採用基準	・原則として,最初に典拠レコードの作成時に用いた目録対象資料中本体に表示されている字種・字体による ・著名な著者等については最もよく知られた形を採用することができる	・同人の統一は日本人名に準ずる	・初出時の図書の表示を標目形決定の根拠とする ・同人は一名称に統一
13		読み　母国語読みの採用・不採用　等	・音読みを基本として,カタカナ表記で付与する。 ・ピンインは「その他のヨミ」フィールドに記録する。	・図書の漢字に母国語読みがカナで併記されている場合は採用 ・母国語読みが統一標目となっている場合,日本語統一読みを記述形の読みとして対で付与	・図書に母国語読み(カナ)が表示されていても日本語読みを採用 ・母国語読みは参照形とする

no.	東京都立中央図書館	早稲田大学図書館	国文学研究資料館	国立国会図書館
7	有 ～2000年：全てリンク （30万件） 2000年～：TRC典拠購入のためリンクなし典拠も有	無	有 書誌レコードと著者レコードは，著作レコードを介し間接的にリンク	有 典拠コントロール対象資料群の標目とリンク
8	・1冊目の目録対象資料中の表記形を採用	・同人は必ずしも統一していない ・和書の標目は日本語の表示形，洋書はローマ字形（ただし，和書の標目のローマ字読みと洋書の標目は原則として合致する）	・同人は一名称に統一	・著者名は著作に責任のある記述上の名称を採用 ・件名は最も著名な名称に統一 ・江戸期以前の著者は1つの名称に統一
9	・世系，生年は判明する限りにおいて記録 ・専攻・職業は，なお識別不能な場合に記録	・生(没)年は判明すればすべて記録 ・世系，生没年，職業で区別。時代区分は不採用（「平安時代」等）	・同名異人はAID（著者レコード番号）により識別 ・国名・王朝名，生没年，活動領域，著者注記等に識別事項の記入可	・世系，生(没)年は判明する限りにおいて記録 ・専攻・職業は，なお識別不能な場合に記録
10	「一方参照」 ・標目と異なる名称や読みを記録	・複数の名前で著作活動をしている場合の件名標目 ・その他NDLに準じている	・標目（統一著者名）に不採用の名称を別称に登録可 ・別称から標目（統一著者名）への参照可	・表記文字種の違いや微細な違いで標目とならなかった名称 ・その他記述に現れないが判明した名称 ・読みの違い
11	「相互参照」 ・複数名称を使い分ける場合 ・改姓改名 ・参照先の典拠番号を記録	・複数の名前で著作活動をしている場合 ・改姓した場合	・著者注記に記入可	・改姓改名 ・複数名称を使い分ける場合 ・参照先のレコードIDを記録 ・著者名と件名では適用が異なる
12	・1冊目の目録対象資料中の表記形を採用	・同人は統一していない	・漢字表記 ・同人は一名称に統一 ・標目（統一著者名）に不採用の名称を別称に登録可	・判明する限りの漢字表記 不明な場合はカナ形，ローマ字形も可 ・同人は一名称に統一
13	・1冊目の目録対象資料中の母国語読みを採用 ・母国語読みがない場合は漢字の日本語読み	・母国語読みが判明すれば採用 ・不明の場合は日本語音読み ・洋書はLC典拠準拠のためピンイン読み採用	・漢字の音読みを採用 ・母国語読みのカタカナ表記を別称に登録可	・漢字の音読みを採用し，母国語読みのカタカナ表記を参照形とする ・ピンインは不採用

no.	項目		国立情報学研究所	図書館流通センター	日販図書館サービス
14	個人・中国人名	付記事項	・世系, 生年は判明する限りにおいて記録 ・専攻・職業は, なお識別不能な場合に記録 ・生没年には朝代名を加えることができる	・同姓同名2者目から記録 ・生没年, 専攻・職業で区別 ・専攻・職業は生没年不明, または生没年でも識別不能な場合に記録	・同名異人2人目以降に対し, 第一に生年, 第二に専攻・職業を記録 ・没年は記録しない ・世系のある人名は世系を付記 ・件名は判明するすべてに生没年付記
15		「を見よ」参照	「から見よ参照形」 ・統一標目形に採用しなかった別形 ・標目決定に使用しなかった目録規則に基づく標目形	・対象資料から責任表示として採用した表記形で統一標目と異なるすべての名称 ・その他記述に現れないが判明した名称 ・資料によって異なるよみ	・図書の表示その他の情報源より判明した, 統一形と異なる名称や読み ・母国語読みのカタカナ表記
16		標目形の採用基準	・原則として, 最初に典拠レコードの作成時に用いた目録対象資料中本体に表示されている字種・字体による ・著名な著者等については最もよく知られた形を採用することができる	・同人の統一は日本人名に準ずる	・初出時の図書の表示を標目形決定の根拠とする ・同人は一名称に統一
17	個人・韓国朝鮮人名	読み 母国語読みの採用・不採用 等	・漢字形を標目として採用した場合は, ハングルによるヨミを記録する	・図書の漢字に母国語読みがカナで併記されている場合は採用 　また母国語読みが統一標目となっている場合, 日本語統一読みを記述形の読みとして対で付与	・母国語読みのカナ表記が判明する場合, 標目の読みとして採用 ・ローマ字表記しかない場合や不明な場合, 日本語読みを採用(判明した段階で標目のカナ表記を母国語読みに変更)
18		付記事項	・世系, 生年は判明する限りにおいて記録 ・専攻・職業は, なお識別不能な場合に記録	・同姓同名2者目から記録 ・生没年, 専攻・職業で区別 ・専攻・職業は生没年不明, または生没年でも識別不能な場合に記録	・同名異人2人目以降に対し, 第一に生年, 第二に専攻・職業を記録 ・没年は記録しない ・世系のある人名は世系を付記 ・件名は判明するすべてに生没年付記
19		「を見よ」参照	「から見よ参照形」 ・統一標目形に採用しなかった別形 ・標目決定に使用しなかった目録規則に基づく標目形	・対象資料から責任表示として採用した表記形で統一標目と異なるすべての名称 ・その他記述に現れないが判明した名称 ・資料によって異なるよみ	・図書の表示その他の情報源より判明した, 統一形と異なる名称や読み ・標目の読みに母国語読みを採用した場合の漢字の音読み

no.	東京都立中央図書館	早稲田大学図書館	国文学研究資料館	国立国会図書館
14	・世系, 生年は判明する限りにおいて記録 ・専攻・職業は, なお識別不能な場合に記録	・生(没)年は判明すればすべて記録 ・世系, 生没年, 職業で区別 ・時代区分は不採用(「清時代」等)	・同名異人はAID(著者レコード番号)により識別 ・国名・王朝名, 生没年, 活動領域, 著者注記等に識別事項の記入可	・世系, 生(没)年は判明する限りにおいて記録 ・専攻・職業は, なお識別不能な場合に記録
15	「一方参照」 漢字の日本語読み	・日本語音読みのカタカナ表記(母国語読みが判明した場合)	・別称から標目(統一著者名)への参照可	・母国語読みのカタカナ表記 ・表記文字の違いや微細な違いで標目とならなかった名称 ・その他記述に表れないが判明した名称 ・読みの違い
16	・1冊目の目録対象資料中の表記形を採用	・同人は必ずしも統一していない。	・漢字表記 ・同人は一名称に統一 ・標目(統一著者名)に不採用の名称を別称に登録可	・判明する限りの漢字表記 不明な場合はカナ形, ローマ字形も可 ・同人は一名称に統一
17	・1冊目の目録対象資料中の母国語読みを採用 　母国語読みがない場合は漢字の日本語読み	・母国語読みが判明すれば採用	・漢字の音読みを採用 ・母国語読みのカタカナ表記を別称に登録可	・目録対象資料中の母国語読みを採用 ・母国語読みがない場合は漢字の音読み ・母国語読みが判明した時点で標目訂正
18	・世系, 生年は判明する限りにおいて記録 ・専攻・職業は, なお識別不能な場合に記録	・生(没)年は判明すればすべて記録 ・世系, 生没年, 職業で区別 ・時代区分は不採用(「高麗時代」等)	・同名異人はAID(著者レコード番号)により識別 ・国名・王朝名, 生没年, 活動領域, 著者注記等に識別事項の記入可	・世系, 生(没)年は判明する限りにおいて記録 ・専攻・職業は, なお識別不能な場合に記録
19	「一方参照」 ・漢字の日本語読み	・標目の読みに母国語読みを採用した場合の漢字の音読み	・別称から標目(統一著者名)への参照可	・標目の読みに母国語読みを採用した場合の漢字の音読み ・表記文字種の違いや微細な違いで標目とならなかった名称 ・その他記述に表れないが判明した名称 ・読みの違い

no.	項目		国立情報学研究所	図書館流通センター	日販図書館サービス
20	個人・欧文形外国人名	標目形の採用基準 原綴形，カナ形等	・AACR2準拠	・著名な人物は参考資料による 　資料になければ初出図書の形を採用 ・同人の統一は日本人名に準ずる	・原綴およびカナ形は，初出時の図書の表示を標目形決定の根拠とする ・原綴の調査(LC等)によっても判明しない場合，原綴を( )で表し，判明時点で訂正
21		読み カナ形，原綴形等	記録しない	・原綴形とカタカナ形を対にして標目として採用	・読みには，カナ形，原綴形(ローマンアルファベット)を付与 ・イニシャルを含む場合，カナ形のイニシャル部分はそのまま表記 ・イニシャルに対するフルネームの付記は不採用
22		付記事項	・世系，生年は判明する限りにおいて記録 ・専攻・職業は，なお識別不能な場合に記録	・同姓同名2者目から記録 ・生没年，専攻・職業で区別 ・専攻・職業は生没年不明，または生没年でも識別不能な場合に記録	・同名異人2人目以降に対し，第一に生年，第二に専攻・職業を記録 ・没年は記録しない ・世系のある人名は世系を付記 ・件名は判明するすべてに生没年付記
23		「を見よ」参照	「から見よ参照形」 ・統一標目形に採用しなかった別形 ・標目決定に使用しなかった目録規則に基づく標目形	・対象資料から責任表示として採用した表記形で統一標目と異なるすべての名称 ・その他記述に現れないが判明した名称	・図書の表示その他の情報源より判明した，統一形と異なる名称(カナ・原綴・イニシャルとフルスペルの違い等) ・責任表示の形(名・姓の順等)
24		「をも見よ」参照	「からも見よ参照形」 ・改姓，複数名称を使い分ける場合 ・参照先のレコードIDを記録	・日本人に準ずる ・参照先のレコードIDを記録	・改姓改名の場合 ・著作の内容によって複数の名称を使い分けている場合 ・参照先のレコードIDを記録
25	団体名・地名	標目形の採用基準 内部組織，下部組織の採用・不採用等	・内部組織については情報源の表記にあるがままを採用	・正式名称を採用 ・内部組織・下部組織の採用は『NCR1987改訂版』に準拠 ・件名は下部組織を含む	・内部組織を省略した名称を標目として採用 ・国の行政機関および東京都は局レベルまで採用
26		読み	・分かち書きする	・典拠とする団体名録，地名事典による ・分かち書きする	・図書の表示や各種情報源を根拠とする ・分かち書きする
27		副標目形	・不採用	・不採用	・不採用

no.	東京都立中央図書館	早稲田大学図書館	国文学研究資料館	国立国会図書館
20	・原語形の名称を採用	・LC典拠レコード準拠	・カナ形採用 ・同人は一名称に統一 ・原綴形, 漢字あて字表記を別称に登録可	・原綴形採用 ・LC典拠レコード準拠 ・LCにない場合は目録対象資料中の表記や参考書, 問い合わせによる
21	・カナ形を採用。 ・姓は調査してカナ読みを採用 ・情報源に読みがない場合は推定読みを記録し「ヨミ推定」と注記		・カナ形採用	・原綴形(ローマンアルファベット)採用
22	・世系, 生年は判明する限りにおいて記録 ・専攻・職業は, なお識別不能な場合に記録	・LC典拠レコード準拠	・同名異人はAID(著者レコード番号)により識別 ・国名・王朝名, 生没年, 活動領域, 著者注記等に識別事項の記入可	・世系, 生(没)年は判明する限りにおいて記録 ・専攻・職業は, なお識別不能な場合に記録
23	「一方参照」 ・標目と異なる名称や読みを記録 ・図書による表記文字の違い等で標目とならなかった名称を採用	・標目形と異なる名称	・別称から標目(統一著者名)への参照可	・標目形と異なる名称 ・外国人名カタカナ表記
24	「相互参照」 ・複数の名称を使い分ける場合 ・改姓改名の場合 ・参照先の典拠番号を記録	・複数名称を使い分けている場合	・著者注記に記入可	・改姓改名 ・複数名称を使い分けている場合 ・参照先の典拠IDを記録
25	・団体の出版物に多く表示されている形を統一標目とする ・国, NDL, 東京都の行政機関を除き内部組織は不採用	・正式名称を採用 ・内部組織・下部組織の採用は「団体名著者標目の形式選択基準」(1998年改訂版)による ・「早稲田大学」の内部組織は詳細に記録	・資料に記載された名称を採用 ・標目(統一著者名)に不採用の名称を別称に登録可	・正式名称を採用 ・内部組織・下部組織の採用は「団体名著者標目の形式選択基準」(1998年改訂版)による ・件名は内部組織, 下部組織を広く採用
26	・団体名は分かち書きする ・「全国市町村要覧」の読みを採用	・「町」は地名事典等の読みを採用		・典拠とする団体名録, 地名事典, 問い合わせによる ・分かち書きする
27	・不採用	・不採用	・不採用	・不採用

no.	項目		国立情報学研究所	図書館流通センター	日販図書館サービス
28	団体名・地名	付記事項	・同名異団体または行政区分上の同一地名の場合,設立年または所在地で識別	・町村名や町村立機関には都道府県名を付記 ・同名異団体の場合は原則として設立年または所在地を付記	・同名異団体は創立年や所在地の付記により識別 ・町村名は都道府県名を付記
29		「を見よ」参照	「から見よ参照形」 ・統一標目形に採用しなかった別形 ・標目決定に使用しなかった目録規則に基づく標目形	・対象資料から責任表示として採用した表記形で統一標目と異なるすべての名称 ・その他記述に現れない が表明した名称 ・資料によって異なるよみ	・図書の表示その他の情報源より判明した,統一形と異なる名称(内部組織・下部組織を伴う名称,略称等)や読み
30		「をも見よ」参照	「からも見よ参照形」 ・名称変更,複数名称の使い分け ・参照先のレコードIDを記録	・改組を伴わない名称変更の場合 ・参照先のレコードIDを記録	・名称変更に適用 ・参照先のレコードIDを記録
31		会議名	・採用	・不採用	・採用 ・主催団体名が判明する場合はその団体名
32	ヨミの分かち書き基準マニュアル名		有 「目録情報の基準 第11章」※「目録編成規則 ワカチガキ」に準ずる	有 「TRC MARC分かち書き基準」	有 「カナ・ローマ字表記分かち書き基準」に準拠(団体名標目よみ)
33	文字コード		・JIS X0221(最新版)の範囲	・SJIS, ASCII, TRC外字	・1バイト系 EBCDIC(英小文字)またはASCII ・2バイト系 JIS X 0208-1983またはShift-JIS

no.	東京都立中央図書館	早稲田大学図書館	国文学研究資料館	国立国会図書館
28	・団体名典拠 ① 同名異団体 ② 地方公共団体の町村および町村の行政委員会に「標目限定語」を記録 ・地名典拠 ① 同名異地名 ② 町村名にはすべて「標目限定語」の都道府県名を記録	・「早稲田大学」の内部組織は詳細に記録 ・その他はNDLに準じている	・同名異団体はAID（著者レコード番号）により識別 ・国名・王朝名，生没年，活動領域，著者注記等に識別事項の記入可	・同名異団体の場合，設立年または所在地で識別 ・寺社は判明する限り所在地を記録する
29	・略称 ・内部組織は記録しない	・名称変更があり，新旧名称が1：1で対応している場合 ・その他NDLに準じている	・別称から標目（統一著者名）への参照可	・標目に採用しなかった名称（別名称，内部組織・下部組織を伴う名称，略称，別言語形等）
30	・名称変更に適用 ・参照先の典拠番号を記録	・名称変更があり，新旧名称が1：複数で対応している場合 ・その他NDLに準じている	・著者注記に記入可	・改組を伴わない名称変更の場合に適用 ・参照先の典拠IDを記録
31	・採用（回次等省略）			・不採用
32	有 適用細則「アクセスポイント附則ヨミの形および分かち書き」	「JAPAN/MARC検索語付与のための分かち書き基準」に準拠	有 「著者データ作成マニュアル付則2 著者名要素区切りマニュアル」	有 「読みの分かち書き基準」
33	・1バイト系　ASCII文字コード表 ・2バイト系　JIS X0208	・ASCII（1バイト） ・EACC（3バイト）	・JIS X 0208（JIS外字はunicodeがある場合，数値文字参照形式で表す）	・JIS X 0208-1990 ※JIS78の範囲

■付録 3

IFLA UBCIMの活動　−1996年以降を中心に−

	組織の変遷	典拠に関する主な活動
'73	UBCの事務局が設立	
'87	UBCと国際MARCプログラムが統合 →UBCIMとなる	
'91	UBCIMに, UNIMARC 書誌／典拠フォーマットを維持管理するPUCが設立	UNIMARC Authoritiesの刊行
'96	UBCIMと書誌調整部会のもとに, MLARとISADNのワーキング・グループが発足	
'97		MTP 1998-2001の策定
'98		MLARとISADNのワーキング・グループが報告書を出して解散 ● MLARについては必須・準必須データ要素を定義 ● ISADNについては実現可能性を探求するワーキング・グループの創設を勧告 ● PUCに対しUNIMARC Authoritiesの改訂を勧告 ● GAREの改訂の必要性を勧告
'99	MLAR/ISADNのワーキング・グループの活動を引継ぐため, ワーキング・グループ：FRANARが以下を任務として発足 ● 典拠レコードの機能要件の定義 ● ISADNの可能性の研究 ● 他の関連機関との連携	
'01		UNIMARC Manual: Authorities Formatの刊行 (UNIMARC Authorities 第2版) GARR刊行 (GARE第2版としてIFLA目

−128−

'02		録分科会 の Working Group on GARE Revision が改訂) FRANAR の成果 ● 典拠レコードの機能要件の定義→大きく前進 ● ISADN の可能性の研究→未検討（実体関連モデルの手法を用いることに合意），早期に着手可能 ● 他の関連機関との連携→すでに連携（欧州の INTERPARTY プロジェクト等）
'03	● UBCIM プログラムが活動終了 ● 3月, UNIMARC プログラムをポルトガル国立図書館が引継ぐ ● 8月, ICABS が発足, UBCIM や UDT が担当していた以下の活動を引継ぐ ・FRANAR（BL） ・VIAF (LC, DDB, OCLC) () 内は，責任をもつ組織	8月, VIAF 構築に関する覚え書きを, OCLC, LC, DDB が取り交わす

この表は，主として IFLANET[1] 掲載の UBCIM Annual Report をもとにまとめたが，関連する活動（書誌調整部会：Division of Bibliographic Control, 目録分科会：Section on Cataloguing 等と協同の活動）も含めた。

【略語説明（ABC 順）】　※定訳があるもののみ日本語を付した。
BL：　　British Library　　　　　（英国図書館）
DDB：　Die Deutsche Bibliothek　（ドイツ図書館）
FRANAR：Functional Requirements and Numbering of Authority Records
　　　　　　　　　　　（典拠レコードのための機能要件と典拠番号）
GARR：　Guidelines for Authority Records and References
GARE：　Guidelines for Authority and References Entries

ICABS : IFLA-CDNL Alliance for Bibliographic Standards
　　　　　　　　　　　　　　　　　（書誌標準に関する IFLA-CDNL 同盟）
ISADN : International Standard Authority Data Number
LC : 　　Library of Congress　　　（米国議会図書館）
MARC : 　Machine Readable Catalog　　（機械可読目録）
MLAR : 　Minimal Level Authority Records
MTP :　　Medium-Term Programme
OCLC :　 Online Computer Library Center
PUC :　　Permanent UNIMARC Committee　（UNIMARC 常設委員会）
UBC :　　Universal Bibliographic Control　　　（世界書誌調整）
UBCIM : 　Universal Bibliographic Control and International MARC
　　　　　　　　　　　　（世界書誌コントロール国際 MARC プログラム）
UDT :　　Universal Dataflow and Telecommunications
VIAF :　 Virtual International Authority File
　　　　　　　　　　　　　　　　　（ヴァーチャル国際典拠ファイル）

注
1) <http://www.ifla.org/> (last access 2004/02/10)

■付録　4

NACO (Name Authority Cooperative Program) について

1. NACO 年表（3の文献（5）および牛崎『NACO 事業—米国における典拠ファイル共同作成事業の現況』(情報の科学と技術 41 巻 2 号(1991)) を元に作成）

年	
1976	Authorities, a MARC Format[1] 刊行（オンライン典拠作業の基準）
1977	LC が新しい自動化名称典拠ファイルへのレコード入力開始
	LC と GPO (Government Printing Office) が典拠作業の共同化を開始
	NACO (Name Authority Co-Operative) Program の発足
1979	CLR (Council on Library Resources) が national name authority file の発展に関する会議を主催
1980	CLR の基金を得て, LC, RLG (Research Libraries Group), WLN (Western Library Network) が LSP (Linked System Project) を開始
1981	CONSER メンバーの 3 館が NACO に名称典拠の送付を開始
1984	OCLC (Online Computer Library Center) が LSP に参加
	参加館による既存典拠レコードの訂正開始
1985	LSP 運用を開始
1986	NACO 改称→National Coordinated Cataloging Operation
1988	NCCP (National Coordinated Cataloging Program) の発足
	funnel project の試行開始（1 年間）
1993	LC による典拠レコードの日常点検を廃止
1994	NACO Participants' Manual 1st ed.[2] 刊行
1995	FTP でのレコード提供開始
	PCC (Program for Cooperative Cataloging) の発足
	(NACO と SACO は PCC の傘下に入る)
1996	BIBCO Program の発足
	NACO Participants' Manual 2nd ed.[3] 刊行
1997	CONSER が PCC の傘下に入る。以降, PCC は NACO, SACO, BIBCO, CONSER の 4 事業から構成される

注
1)"Authorities, a MARC format : specifications for magnetic tapes containing authority records". Washington, D.C. : Cataloging Distribution Service, Library of Congress, 1976.
2)"NACO participants' manual". Washington, D.C. : Library of Congress, Cataloging Distribution Service, 1994.
3)"NACO participants' manual". 2nd ed. Washington, D.C. : Library of Congress, Cataloging Distribution Service, 1996.

※参考:PCCと各事業 <http://www.loc.gov/catdir/pcc/>

事業(components)	参加館の活動の概要
BIBCO : Bibliographic Record Cooperative Program (monographic)	全国的な書誌DB(OCLCまたはRLIN)の共同目録作成(NACO参加館に限定)
NACO : Name Authority Cooperative Program	著者名・シリーズ・統一タイトル典拠の共同作成
CONSER : Cooperative Online Serials Program	OCLC Online Union Catalog 逐次刊行物目録の共同作成
SACO : Subject Authority Cooperative Program	LCSH新設件名・既設件名変更およびLCC新設分類記号の提案

2. NACO概要
①NACO 2003年年次報告より
<http://www.loc.gov/catdir/pcc/annualrpt03.html>
参加機関 419機関(うち247機関は21種のfunnelプロジェクトに参加)
新規作成件数　　名称典拠167,163件,シリーズ典拠9,324件
訂正件数　　　　計51,283件

②目的 <http://www.loc.gov/catdir/pcc/nacopara.html>
当プログラムを介して参加機関は名称,統一タイトル,シリーズ名についての典拠レコードを「国の典拠ファイル(National Authority File)」に送る。参

加機関は，大規模な共有典拠ファイルの統一性を保つため，典拠レコードの作成及び変更にあたっては一連の基準やガイドラインに従うことに同意する。
③参加機関への要求事項　＜http://www.loc.gov/catdir/pcc/nacoprogfaq.html＞
・5日間の研修を受講すること
・OCLC または RLG に参加すること（オンラインで典拠レコードを送るため）
・大規模機関は年200件，小規模機関は年100件以上の名称典拠またはシリーズ典拠を新規作成または訂正して送付すること（大規模機関：ARL（Association for Research Libraries）加盟館または国立図書館，小規模機関：州立図書館，公共図書館，学部図書館，専門図書館，特別コレクション）
④名称典拠レコードの送付　＜http://www.loc.gov/catdir/pcc/nacopara.html＞
NACO 参加機関は一定の条件のもとで，新規名称典拠レコードを作成し，または既存のレコードを訂正して送ることができる。さらに，参加機関はシリーズおよび統一タイトル典拠レコードを送ることができる。

⑤NACO ワークフロー例（NACO Participants' Manual 2nd ed. を元に作成）

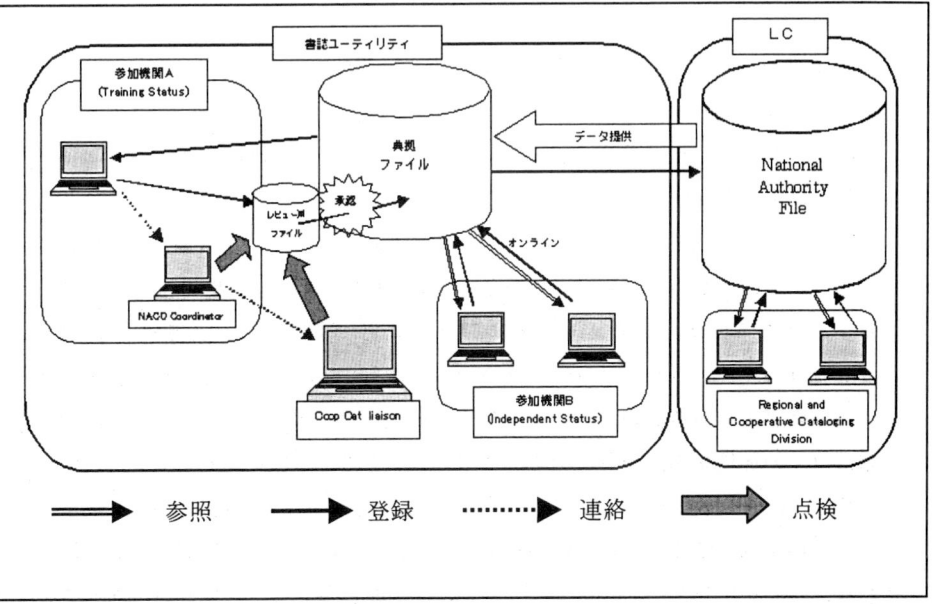

3. NACO に関する文献抄訳

(配列は著者名アルファベット順)

(1) Bryrum, John D. Jr. NACO: a cooperative model for building and maintaining a shared name authority database. International Conference Authority Control, Florence, Italy, Feb. 10-12, 2003. <http://www.unifi.it/biblioteche/ac/en/home.htm> (last access 2003/11/11)

1970年代半ば，名称典拠作業の費用対効果に対する懐疑的な受止め方が一般的であったため，NACO は手続きの合理化に取り組んだ。その結果，例えば初期は各機関が LC に 2 週間職員を派遣して行っていた研修を，5 日間に短縮，受講する機関は全米約 20 地域での研修を組み合わせて受講することができる。他に，各種文書を書き直し，よりユーザフレンドリーなものとした。また，一部の規則を緩和して「目録者の裁量」を奨励した。

NACO は過去 10 年間に飛躍的に成長した。昨年[2002 年]，LC が配布した名称典拠全体の 64％を，NACO 参加館が登録した。典拠レコードの出力に関しては，昨年 LC 職員が作成したものが 8,000 件だったのに対し NACO 参加館は 12,000 件だった。

NACO には，アメリカ以外からも多くの図書館が参加している（イギリス，メキシコ，香港，カナダ，シンガポール，南アフリカ，など）。昨年 NACO 全体の登録のうち，18.6％が国際的参加館によるものだった。国際的参加館は，既存標目の訂正にも高い割合で関与している。

NACO 参加館に要求される条件は，次のようなものである。①（最重要）標目確定および相互参照について，基準を守らなければならない。②レコードを登録するために書誌ユーティリティに加盟しなければならない（現在は RLIN (Research Libraries Information Network) と OCLC が，書誌・典拠ファイルの検索および名称典拠レコード登録の技術的手段を提供している）。③参加館は自館の職員を典拠作業に積極的に携わらせることが求められる。各機関が 1 年間に登録することが望ましい最低数が設定されている。④新しく NACO に参加する機関は 1 年間で「自立資格」を得ることが求められる。新規参加館は研修後，作成したレコードのレビューを受け，基準を満たしたレコードを作成で

きるようになると「自立資格」が与えられる。ほとんどの機関にとって1年間という機関は問題ではなく、多くは研修後数ヵ月でレビューを受けなくても済むようになる。⑤（最近付け加えられた要望事項）すべてのNACO参加館がNACOに関わる日常業務に責任を持つよう任命された個人をバックアップする副責任者をおくことが求められる。

最低限のレコード数を登録できない機関にも、参加の機会がある。"funnel project"のどれかに参加することである。funnelメンバーは各自適当な数のレコードを作成し、グループとして多くの登録ができるようにそれらを集める。funnelはメンバーである図書館に共通の関心に基づいて作られることが多いが、一部地域的つながりによるものもある。

文書管理（documentation）はNACOプログラムの強みの一つである。技術面および運用面のガイドラインや書面での指示を作成し維持することを、優先的に行ってきた。1990年代には、NACO関連の文書は紙媒体で出版され郵便で配送されていたが、最近はNACO資料を世界的にかつ迅速に利用できるようにするため、Webが利用されている。

NACOにおけるLCの役割は次のとおりである。①共同のリーダーシップ、②人的資源の提供（Regional and Cooperative Cataloging Div.の職員が文書や研修資料の準備、Webサイトの維持、問合せへの回答、会議の運営などにあたる）。

NACOによってLCは、目録・典拠作業にかかる時間とコストを軽減することができ、LCの目録担当部門と参加館の緊密な連携が得られた。結論としてNACOは、名称典拠共同構築の最も実行可能なモデルを提示しているといえる。

（2）Franks, A.R.D. International participation in the Program for Cooperative Cataloging: present status. International Cataloguing and Bibliographic Control. 30 (2) Apr/Jun 2001, p.23-6. ＜当館請求記号 Z55-C87＞

約400の目録機関による国際的共同体であるPCCにおける共同構築の現状について述べる。アメリカ以外の機関が現在NACO, SACO, CONSERで活動している。PCCメンバーは、書誌情報への効果的なアクセスのための、標目の標準化

に多大な貢献を協力して行っている。

（3）Ivany, J. Cooperative cataloging organizations merge. OCLC Newsletter. (233) May/Jun 1998, p.12-13.

2つの主要な共同目録機関であるCONSERとPCCの合併について報告し、CONSERとPCC双方にとっての利点を挙げる。

（4）Snyman, M.M.M; van Rensburg, M.J. NACO versus ISAN: prospects for name authority control. Electronic Library. 18 (1) 2000, p.63-8.
＜当館請求記号 Z55-D295＞

伝統的な名称典拠コントロール（NACO）とISAN（International Standard Authority Number）を比較し、2つのうちより効果的な名称標準化の方法を提案する。

（5）三浦敬子, 松井幸子「欧米における著者名典拠ファイルの共同作成の動向」 日本図書館情報学会誌　47巻1号（2001.8）　＜当館請求記号 Z21-133＞

NACOの沿革、2000年9月現在の参加館数・レコード数、典拠フォーマット、アメリカ以外の参加国などについて概説する。

また、1977年以来継続してきた要因として、LC・OCLC・RLINという組織があったこと、参加館の目録担当者が専門職の立場で典拠レコードを作成してきたことを挙げている。

NACO参加館が作成した典拠レコードはLC典拠ファイルに収録されているレコードの3分の1を占めていることを示し、「英語圏を中心としたNACO参加館の国際的な拡大によって、LCNAF[LC典拠ファイル]は事実上の世界的な著者名典拠ファイルとなりつつある」としている。

■付録 5

個人情報保護　参考法律（抄）

個人情報の保護に関する下記の法律の一部をここに掲載する。
1. 行政機関の保有する個人情報の保護に関する法律
2. 行政機関の保有する情報の公開に関する法律（いわゆる情報公開法）
3. 個人情報の保護に関する法律（いわゆる個人情報保護法）

1は、公布はされたが施行はされていない。3は部分的にしか施行されていない。また、いずれも立法府に属する国の機関である国立国会図書館には直接の適用はない。

1. 行政機関の保有する個人情報の保護に関する法律　平成15年5月30日法律第58号（抄）
第二条　この法律において「行政機関」とは、次に掲げる機関をいう。
[以下省略]
②　この法律において「個人情報」とは、生存する個人に関する情報であって、当該情報に含まれる氏名、生年月日その他の記述等により特定の個人を識別することができるもの（他の情報と照合することができ、それにより特定の個人を識別することができることとなるものを含む。）をいう。
③　この法律において「保有個人情報」とは、行政機関の職員が職務上作成し、又は取得した個人情報であって、当該行政機関の職員が組織的に利用するものとして、当該行政機関が保有しているものをいう。ただし、行政文書（行政機関の保有する情報の公開に関する法律（平成十一年法律第四十二号）第二条第二項に規定する行政文書をいう。以下同じ。）に記録されているものに限る。
④　この法律において「個人情報ファイル」とは、保有個人情報を含む情報の集合物であって、次に掲げるものをいう。
　一　一定の事務の目的を達成するために特定の保有個人情報を電子計算機を用いて検
　　　索することができるように体系的に構成したもの
　二　前号に掲げるもののほか、一定の事務の目的を達成するために氏名、生年月日、
　　　その他の記述等により特定の保有個人情報を容易に検索することができるように体

系的に構成したもの
　　［以下省略］
第三条　行政機関は、個人情報を保有するに当たっては、法令の定める所掌事務を遂行するため必要な場合に限り、かつ、その利用の目的をできる限り特定しなければならない。
②　行政機関は、前項の規定により特定された利用の目的（以下「利用目的」という。）の達成に必要な範囲を超えて、個人情報を保有してはならない。
③　行政機関は、利用目的を変更する場合には、変更前の利用目的と相当の関連性を有すると合理的に認められる範囲を超えて行ってはならない。
第四条　行政機関は、本人から直接書面（電子的方式、磁気的方式その他人の知覚によっては認識することができない方式で作られる記録（第二十四条及び第五十五条において「電磁的記録」という。）を含む。）に記録された当該本人の個人情報を取得するときは、次に掲げる場合を除き、あらかじめ、本人に対し、その利用目的を明示しなければならない。
　　［以下省略］
第五条　行政機関の長（第二条第一項第四号及び第五号の政令で定める機関にあっては、その機関ごとに政令で定める者をいう。以下同じ。）は、利用目的の達成に必要な範囲内で、保有個人情報が過去又は現在の事実と合致するよう努めなければならない。
第六条　行政機関の長は、保有個人情報の漏えい、滅失又はき損の防止その他の保有個人情報の適切な管理のために必要な措置を講じなければならない。
②　前項の規定は、行政機関から個人情報の取扱いの委託を受けた者が受託した業務を行う場合について準用する。
第七条　個人情報の取扱いに従事する行政機関の職員若しくは職員であった者又は前条第二項の受託業務に従事している者若しくは従事していた者は、その業務に関して知り得た個人情報の内容をみだりに他人に知らせ、又は不当な目的に利用してはならない。
第八条　行政機関の長は、法令に基づく場合を除き、利用目的以外の目的のために保有個人情報を自ら利用し、又は提供してはならない。
②　前項の規定にかかわらず、行政機関の長は、次の各号のいずれかに該当すると認めるときは、利用目的以外の目的のために保有個人情報を自ら利用し、又は提供することができる。ただし、保有個人情報を利用目的以外の目的のために自ら利用し、又は提供

することによって、本人又は第三者の権利利益を不当に侵害するおそれがあると認められるときは、この限りでない。
　一　本人の同意があるとき、又は本人に提供するとき。
　二　行政機関が法令の定める所掌事務の遂行に必要な限度で保有個人情報を内部で利用する場合であって、当該保有個人情報を利用することについて相当な理由のあるとき。
　三　他の行政機関、独立行政法人等又は地方公共団体に保有個人情報を提供する場合において、保有個人情報の提供を受ける者が、法令の定める事務又は業務の遂行に必要な限度で提供に係る個人情報を利用し、かつ、当該個人情報を利用することについて相当な理由のあるとき。
　四　前三号に掲げる場合のほか、専ら統計の作成又は学術研究の目的のために保有個人情報を提供するとき、本人以外の者に提供することが明らかに本人の利益になるとき、その他保有個人情報を提供することについて特別の理由のあるとき。
　[以下省略]
第九条　行政機関の長は、前条第二項第三号又は第四号の規定に基づき、保有個人情報を提供する場合において、必要があると認めるときは、保有個人情報の提供を受ける者に対し、提供に係る個人情報について、その利用の目的若しくは方法の制限その他必要な制限を付し、又はその漏えいの防止その他の個人情報の適切な管理のために必要な措置を講ずることを求めるものとする。
第十条　行政機関（会計検査院を除く。以下この条、第五十条及び第五十一条において同じ。）が個人情報ファイルを保有しようとするときは、当該行政機関の長は、あらかじめ、総務大臣に対し、次に掲げる事項を通知しなければならない。通知した事項を変更しようとするときも、同様とする。
　[以下省略]
③　行政機関の長は、第一項に規定する事項を通知した個人情報ファイルについて、当該行政機関がその保有をやめたとき、又はその個人情報ファイルが前項第九号に該当するに至ったときは、遅滞なく、総務大臣に対しその旨を通知しなければならない。
第十一条　行政機関の長は、政令で定めるところにより、当該行政機関が保有している個人情報ファイルについて、それぞれ前条第一項第一号から第六号まで、第八号及び第九号に掲げる事項その他政令で定める事項を記載した帳簿（第三項において「個人情報

ファイル簿」という。）を作成し、公表しなければならない。

　[以下省略]

第十二条　何人も、この法律の定めるところにより、行政機関の長に対し、当該行政機関の保有する自己を本人とする保有個人情報の開示を請求することができる。

　[以下省略]

第十四条　行政機関の長は、開示請求があったときは、開示請求に係る保有個人情報に次の各号に掲げる情報（以下「不開示情報」という。）のいずれかが含まれている場合を除き、開示請求者に対し、当該保有個人情報を開示しなければならない。

　[以下省略]

第十五条　行政機関の長は、開示請求に係る保有個人情報に不開示情報が含まれている場合において、不開示情報に該当する部分を容易に区分して除くことができるときは、開示請求者に対し、当該部分を除いた部分につき開示しなければならない。

　[以下省略]

第二十四条　保有個人情報の開示は、当該保有個人情報が、文書又は図画に記録されているときは閲覧又は写しの交付により、電磁的記録に記録されているときはその種別、情報化の進展状況等を勘案して行政機関が定める方法により行う。ただし、閲覧の方法による保有個人情報の開示にあっては、行政機関の長は、当該保有個人情報が記録されている文書又は図画の保存に支障を生ずるおそれがあると認めるとき、その他正当な理由があるときは、その写しにより、これを行うことができる。

　[以下省略]

第二十七条　何人も、自己を本人とする保有個人情報（次に掲げるものに限る。第三十六条第一項において同じ。）の内容が事実でないと思料するときは、この法律の定めるところにより、当該保有個人情報を保有する行政機関の長に対し、当該保有個人情報の訂正（追加又は削除を含む。以下同じ。）を請求することができる。ただし、当該保有個人情報の訂正に関して他の法律又はこれに基づく命令の規定により特別の手続が定められているときは、この限りでない。

　[以下省略]

第二十九条　行政機関の長は、訂正請求があった場合において、当該訂正請求に理由があると認めるときは、当該訂正請求に係る保有個人情報の利用目的の達成に必要な範囲内で、当該保有個人情報の訂正をしなければならない。

［以下省略］

第三十五条　行政機関の長は、訂正決定（前条第三項の訂正決定を含む。）に基づく保有個人情報の訂正の実施をした場合において、必要があると認めるときは、当該保有個人情報の提供先に対し、遅滞なく、その旨を書面により通知するものとする。

第三十六条　何人も、自己を本人とする保有個人情報が次の各号のいずれかに該当すると思料するときは、この法律の定めるところにより、当該保有個人情報を保有する行政機関の長に対し、当該各号に定める措置を請求することができる。ただし、当該保有個人情報の利用の停止、消去又は提供の停止（以下「利用停止」という。）に関して他の法律又はこれに基づく命令の規定により特別の手続が定められているときは、この限りでない。

　一　当該保有個人情報を保有する行政機関により適法に取得されたものでないとき、第三条第二項の規定に違反して保有されているとき、又は第八条第一項及び第二項の規定に違反して利用されているとき　当該保有個人情報の利用の停止又は消去

　二　第八条第一項及び第二項の規定に違反して提供されているとき　当該保有個人情報の提供の停止

［以下省略］

第三十八条　行政機関の長は、利用停止請求があった場合において、当該利用停止請求に理由があると認めるときは、当該行政機関における個人情報の適正な取扱いを確保するために必要な限度で、当該利用停止請求に係る保有個人情報の利用停止をしなければならない。ただし、当該保有個人情報の利用停止をすることにより、当該保有個人情報の利用目的に係る事務の性質上、当該事務の適正な遂行に著しい支障を及ぼすおそれがあると認められるときは、この限りでない。

［以下省略］

※この法律は、行政機関の保有する電子計算機処理に係る個人情報の保護に関する法律を全部改正するものである。

2. 行政機関の保有する情報の公開に関する法律　平成11年5月14日法律第42号

　（抄）

第二条　この法律において「行政機関」とは、次に掲げる機関をいう。

　［以下省略］

② この法律において「行政文書」とは、行政機関の職員が職務上作成し、又は取得した文書、図画及び電磁的記録（電子的方式、磁気的方式その他人の知覚によっては認識することができない方式で作られた記録をいう。以下同じ。）であって、当該行政機関の職員が組織的に用いるものとして、当該行政機関が保有しているものをいう。ただし、次に掲げるものを除く。

　一　官報、白書、新聞、雑誌、書籍その他不特定多数の者に販売することを目的として発行されるもの
　二　政令で定める公文書館その他の機関において、政令で定めるところにより、歴史的若しくは文化的な資料又は学術研究用の資料として特別の管理がされているもの

第三条　何人も、この法律の定めるところにより、行政機関の長（前条第一項第四号及び第五号の政令で定める機関にあっては、その機関ごとに政令で定める者をいう。以下同じ。）に対し、当該行政機関の保有する行政文書の開示を請求することができる。

［以下省略］

第五条　行政機関の長は、開示請求があったときは、開示請求に係る行政文書に次の各号に掲げる情報（以下「不開示情報」という。）のいずれかが記録されている場合を除き、開示請求者に対し、当該行政文書を開示しなければならない。

　一　個人に関する情報（事業を営む個人の当該事業に関する情報を除く。）であって、当該情報に含まれる氏名、生年月日その他の記述等により特定の個人を識別することができるもの（他の情報と照合することにより、特定の個人を識別することができることとなるものを含む。）又は特定の個人を識別することはできないが、公にすることにより、なお個人の権利利益を害するおそれがあるもの。ただし、次に掲げる情報を除く。
　　　イ　法令の規定により又は慣行として公にされ、又は公にすることが予定されている情報

［以下省略］

　二　法人その他の団体（国、独立行政法人等及び地方公共団体を除く。以下「法人等」という。）に関する情報又は事業を営む個人の当該事業に関する情報であって、次に掲げるもの。ただし、人の生命、健康、生活又は財産を保護するため、公にすることが必要であると認められる情報を除く。
　　　イ　公にすることにより、当該法人等又は当該個人の権利、競争上の地位その他

—142—

正当な利益を害するおそれがあるもの
　ロ　行政機関の要請を受けて、公にしないとの条件で任意に提供されたものであって、法人等又は個人における通例として公にしないこととされているものその他の当該条件を付することが当該情報の性質、当時の状況等に照らして合理的であると認められるもの
　［以下省略］
第六条　行政機関の長は、開示請求に係る行政文書の一部に不開示情報が記録されている場合において、不開示情報が記録されている部分を容易に区分して除くことができるときは、開示請求者に対し、当該部分を除いた部分につき開示しなければならない。ただし、当該部分を除いた部分に有意の情報が記録されていないと認められるときは、この限りでない。
②　開示請求に係る行政文書に前条第一号の情報（特定の個人を識別することができるものに限る。）が記録されている場合において、当該情報のうち、氏名、生年月日その他の特定の個人を識別することができることとなる記述等の部分を除くことにより、公にしても、個人の権利利益が害されるおそれがないと認められるときは、当該部分を除いた部分は、同号の情報に含まれないものとみなして、前項の規定を適用する。
　［以下省略］
※この法律自体は情報の公開に関する法律であるが、個人情報は保護することが規定されている。

3．個人情報の保護に関する法律　平成15年5月30日法律第57号　（抄）
第二条　この法律において「個人情報」とは、生存する個人に関する情報であって、当該情報に含まれる氏名、生年月日その他の記述等により特定の個人を識別することができるもの（他の情報と容易に照合することができ、それにより特定の個人を識別することができることとなるものを含む。）をいう。
②　この法律において「個人情報データベース等」とは、個人情報を含む情報の集合物であって、次に掲げるものをいう。
　一　特定の個人情報を電子計算機を用いて検索することができるように体系的に構成したもの
　二　前号に掲げるもののほか、特定の個人情報を容易に検索することができるように

体系的に構成したものとして政令で定めるもの

③　この法律において「個人情報取扱事業者」とは、個人情報データベース等を事業の用に供している者をいう。ただし、次に掲げる者を除く。
　一　国の機関
　二　地方公共団体
　三　独立行政法人等（独立行政法人等の保有する個人情報の保護に関する法律（平成十五年法律第五十九号）第二条第一項に規定する独立行政法人等をいう。以下同じ。）
　四　その取り扱う個人情報の量及び利用方法からみて個人の権利利益を害するおそれが少ないものとして政令で定める者

④　この法律において「個人データ」とは、個人情報データベース等を構成する個人情報をいう。

⑤　この法律において「保有個人データ」とは、個人情報取扱事業者が、開示、内容の訂正、追加又は削除、利用の停止、消去及び第三者への提供の停止を行うことのできる権限を有する個人データであって、その存否が明らかになることにより公益その他の利益が害されるものとして政令で定めるもの又は一年以内の政令で定める期間以内に消去することとなるもの以外のものをいう。

⑥　この法律において個人情報について「本人」とは、個人情報によって識別される特定の個人をいう。

［以下省略］

第四条　国は、この法律の趣旨にのっとり、個人情報の適正な取扱いを確保するために必要な施策を総合的に策定し、及びこれを実施する責務を有する。

第五条　地方公共団体は、この法律の趣旨にのっとり、その地方公共団体の区域の特性に応じて、個人情報の適正な取扱いを確保するために必要な施策を策定し、及びこれを実施する責務を有する。

［以下省略］

第十五条　個人情報取扱事業者は、個人情報を取り扱うに当たっては、その利用の目的（以下「利用目的」という。）をできる限り特定しなければならない。

②　個人情報取扱事業者は、利用目的を変更する場合には、変更前の利用目的と相当の関連性を有すると合理的に認められる範囲を超えて行ってはならない。

第十六条　個人情報取扱事業者は、あらかじめ本人の同意を得ないで、前条の規定によ

り特定された利用目的の達成に必要な範囲を超えて、個人情報を取り扱ってはならない。

　［以下省略］

第十七条　個人情報取扱事業者は、偽りその他不正の手段により個人情報を取得してはならない。

第十八条　個人情報取扱事業者は、個人情報を取得した場合は、あらかじめその利用目的を公表している場合を除き、速やかに、その利用目的を、本人に通知し、又は公表しなければならない。

　［以下省略］

③　個人情報取扱事業者は、利用目的を変更した場合は、変更された利用目的について、本人に通知し、又は公表しなければならない。

　［以下省略］

第十九条　個人情報取扱事業者は、利用目的の達成に必要な範囲内において、個人データを正確かつ最新の内容に保つよう努めなければならない。

第二十条　個人情報取扱事業者は、その取り扱う個人データの漏えい、滅失又はき損の防止その他の個人データの安全管理のために必要かつ適切な措置を講じなければならない。

　［以下省略］

第二十三条　個人情報取扱事業者は、次に掲げる場合を除くほか、あらかじめ本人の同意を得ないで、個人データを第三者に提供してはならない。

　［以下省略］

第二十四条　個人情報取扱事業者は、保有個人データに関し、次に掲げる事項について、本人の知り得る状態（本人の求めに応じて遅滞なく回答する場合を含む。）に置かなければならない。

　一　当該個人情報取扱事業者の氏名又は名称

　二　すべての保有個人データの利用目的（第十八条第四項第一号から第三号までに該当する場合を除く。）

　三　次項、次条第一項、第二十六条第一項又は第二十七条第一項若しくは第二項の規定による求めに応じる手続（第三十条第二項の規定により手数料の額を定めたときは、その手数料の額を含む。）

　四　前三号に掲げるもののほか、保有個人データの適正な取扱いの確保に関し必要な

事項として政令で定めるもの

［以下省略］

第二十五条　個人情報取扱事業者は、本人から、当該本人が識別される保有個人データの開示（当該本人が識別される保有個人データが存在しないときにその旨を知らせることを含む。以下同じ。）を求められたときは、本人に対し、政令で定める方法により、遅滞なく、当該保有個人データを開示しなければならない。ただし、開示することにより次の各号のいずれかに該当する場合は、その全部又は一部を開示しないことができる。

　一　本人又は第三者の生命、身体、財産その他の権利利益を害するおそれがある場合
　二　当該個人情報取扱事業者の業務の適正な実施に著しい支障を及ぼすおそれがある場合
　三　他の法令に違反することとなる場合

②　個人情報取扱事業者は、前項の規定に基づき求められた保有個人データの全部又は一部について開示しない旨の決定をしたときは、本人に対し、遅滞なく、その旨を通知しなければならない。

［以下省略］

第二十六条　個人情報取扱事業者は、本人から、当該本人が識別される保有個人データの内容が事実でないという理由によって当該保有個人データの内容の訂正、追加又は削除（以下この条において「訂正等」という。）を求められた場合には、その内容の訂正等に関して他の法令の規定により特別の手続が定められている場合を除き、利用目的の達成に必要な範囲内において、遅滞なく必要な調査を行い、その結果に基づき、当該保有個人データの内容の訂正等を行わなければならない。

②　個人情報取扱事業者は、前項の規定に基づき求められた保有個人データの内容の全部若しくは一部について訂正等を行ったとき、又は訂正等を行わない旨の決定をしたときは、本人に対し、遅滞なく、その旨（訂正等を行ったときは、その内容を含む。）を通知しなければならない。

第二十七条　個人情報取扱事業者は、本人から、当該本人が識別される保有個人データが第十六条の規定に違反して取り扱われているという理由又は第十七条の規定に違反して取得されたものであるという理由によって、当該保有個人データの利用の停止又は消去（以下この条において「利用停止等」という。）を求められた場合であって、その求めに理由があることが判明したときは、違反を是正するために必要な限度で、遅滞なく、

当該保有個人データの利用停止等を行わなければならない。ただし、当該保有個人データの利用停止等に多額の費用を要する場合その他の利用停止等を行うことが困難な場合であって、本人の権利利益を保護するため必要なこれに代わるべき措置をとるときは、この限りでない。

２　個人情報取扱事業者は、本人から、当該本人が識別される保有個人データが第二十三条第一項の規定に違反して第三者に提供されているという理由によって、当該保有個人データの第三者への提供の停止を求められた場合であって、その求めに理由があることが判明したときは、遅滞なく、当該保有個人データの第三者への提供を停止しなければならない。ただし、当該保有個人データの第三者への提供の停止に多額の費用を要する場合その他の第三者への提供を停止することが困難な場合であって、本人の権利利益を保護するため必要なこれに代わるべき措置をとるときは、この限りでない。

３　個人情報取扱事業者は、第一項の規定に基づき求められた保有個人データの全部若しくは一部について利用停止等を行ったとき若しくは利用停止等を行わない旨の決定をしたとき、又は前項の規定に基づき求められた保有個人データの全部若しくは一部について第三者への提供を停止したとき若しくは第三者への提供を停止しない旨の決定をしたときは、本人に対し、遅滞なく、その旨を通知しなければならない。

第二十八条　個人情報取扱事業者は、第二十四条第三項、第二十五条第二項、第二十六条第二項又は前条第三項の規定により、本人から求められた措置の全部又は一部について、その措置をとらない旨を通知する場合又はその措置と異なる措置をとる旨を通知する場合は、本人に対し、その理由を説明するよう努めなければならない。

［以下省略］

第三十条　個人情報取扱事業者は、第二十四条第二項の規定による利用目的の通知又は第二十五条第一項の規定による開示を求められたときは、当該措置の実施に関し、手数料を徴収することができる。

２　個人情報取扱事業者は、前項の規定により手数料を徴収する場合は、実費を勘案して合理的であると認められる範囲内において、その手数料の額を定めなければならない。

［以下省略］

第三十七条　個人情報取扱事業者の個人情報の適正な取扱いの確保を目的として次に掲げる業務を行おうとする法人（法人でない団体で代表者又は管理人の定めのあるものを含む。次条第三号ロにおいて同じ。）は、主務大臣の認定を受けることができる。

一　業務の対象となる個人情報取扱事業者（以下「対象事業者」という。）の個人情報の取扱いに関する第四十二条の規定による苦情の処理

二　個人情報の適正な取扱いの確保に寄与する事項についての対象事業者に対する情報の提供

三　前二号に掲げるもののほか、対象事業者の個人情報の適正な取扱いの確保に関し必要な業務

［以下省略］

第五十条　個人情報取扱事業者のうち次の各号に掲げる者については、その個人情報を取り扱う目的の全部又は一部がそれぞれ当該各号に規定する目的であるときは、前章の規定は、適用しない。

一　放送機関、新聞社、通信社その他の報道機関（報道を業として行う個人を含む。）　報道の用に供する目的

二　著述を業として行う者　著述の用に供する目的

三　大学その他の学術研究を目的とする機関若しくは団体又はそれらに属する者　学術研究の用に供する目的

［以下省略］

③　第一項各号に掲げる個人情報取扱事業者は、個人データの安全管理のために必要かつ適切な措置、個人情報の取扱いに関する苦情の処理その他の個人情報の適正な取扱いを確保するために必要な措置を自ら講じ、かつ、当該措置の内容を公表するよう努めなければならない。

［以下省略］

※第五十条にいう「前章の規定」とは、第十五条から第四十九条までの規定をいう。

　ほかに関連する法律としては、独立行政法人等の保有する個人情報の保護に関する法律、独立行政法人等の保有する情報の公開に関する法律、情報公開・個人情報保護審査会設置法、がある。

■付録 6

典拠コントロール関連文献リスト

●図書　　　　　　　　　　＜＞内は国立国会図書館請求記号

1 Clack, Doris H. "Authority control : principles, applications, and instructions." American Library Association, 1990. 〈UL631-A108〉

2 IFLA Working Group on GARE Revision. "Guidelines for authority records and references." 2nd ed. K.G. Saur, 2001. 〈UL631-A252〉

3 "Mandatory data elements for internationally shared resource authority records : report of the IFLA UBCIM Working Group on Minimal Level Authority Records and ISADN." International Federation of Library Associations and Institutions, Universal Bibliographic Control and International MARC Programme, 1998. 〈UL631-A246〉

4 "MARC 21 format for authority data : including guidelines for content designation." 1999 ed. Library of Congress, Cataloging Distribution Service / National Library of Canada, 1999. 〈UL631-A260〉

5 国際図書館連盟〔編〕『UNIMARC/Authorities：典拠ユニバーサルフォーマット.』国立国会図書館, 1994.3. 〈UL31-E44〉

6 国立情報学研究所『典拠情報と典拠コントロールの現状：国立情報学研究所共同研究「日本における国際書誌調整」.』国立情報学研究所, 2001.3. 〈UL631-G16〉

7 国立情報学研究所『日本語、中国語、韓国語の名前典拠ワークショップ記録：第1・2回』国立情報学研究所, 2001.4. 〈UL631-H8〉

8 国立情報学研究所『日本語、中国語、韓国語の名前典拠ワークショップ記録：第3回 = Record of workshop on authority control among Chinese,Korean and Japanese languages.』国立情報学研究所, 2002.3. 〈UL631-H3〉

9 国立国会図書館『JAPAN/MARC著者名典拠マニュアル.』国立国会図書館 / 日本図書館協会 (発売), 1997.3. 〈UL31-G7〉

10 国立国会図書館『JAPAN/MARCマニュアル：典拠編.』国立国会図書館, 2003.10. 〈UL31-H7〉

●論文
＜＞内は国立国会図書館請求記号

1 Abdoulaye, K. Perceptions of cataloguers and end-users towards bilingual authority files. Electronic Library. 20 (3) 2002, p.202-10. tbls. refs. 〈Z55-D295〉

2 Ayres, F. H. Time for change: a new approach to cataloguing concepts. Cataloging and Classification Quarterly. 28 (2) 1999, p.3-16. refs. 〈Z55-C384〉

3 Ayres, F. H. Authority control simply does not work. Cataloging and Classification Quarterly. 32 (2) 2001, p.49-59. 〈Z55-C384〉

4 Bangalore, N. S.; Prabha, C. G. Authority work in copy (derived) cataloging: a case study. Technical Services Quarterly. 15 (4) 1998, p.39-56. il. refs.

5 Barrett, H. Authority/thesaurus at Department of Health Library. Catalogue and Index. 131 Summer 1999, p.6-9. 〈Z55-B23〉

6 Bashford, C. Introducing the Concert Life in Nineteenth Century London Database. Brio. 36 (2) Autumn/Winter 1999, p.111-16. refs.

7 Bolick, H. C. Problems in the establishment of nonunique Chinese personal headings with special reference to NACO Guidelines and vendor-supplied authority control. Library Resources and Technical Services. 43 (2) Apr 1999, p.95-105. il. tbls. refs. 〈Z55-A158〉

8 Bourdon, F. Modéliser les donneés d'autorité.[in French] (Modelling authority files.) Bulletin des Bibliothèques de France. 46 (5) 2001, p.117-19. 〈Z55-A137〉

9 Bourdon, F. Functional requirements and numbering of authority records (FRANAR): to what extent can authority control be supported by technical means? International Cataloguing and Bibliographic Control. 31 (1) Jan/Mar 2002, p.6-9. refs. 〈Z55-C87〉

10 Bourdon, F.; Zillhardt, S. Vers un accès Web aux fichiers d'autorité auteurs des bibliothèques nationales européennes. [in French] (Towards web access to European national library author authority files.) Bulletin d'Informations de l'Association des Bibliothécaires Français. 181 (4th Quarter) 1998, p.131-7. refs. 〈Z55-C361〉

11 Brunt, R. From main entry to work authority record: development of a cataloguing fundamental. Library Review. 48 (7 and 8) 1999, p.328-36. refs. 〈Z55-A143〉

12 Burchard, M. Zentrale Datenbank der Normdateien der Universitätsbibliotheken. [in German] (Central database of the authority files of university libraries.) Forum Musikbibliothek. (1) 1998, p.54-8.

13 Burlat, J. M. Les bibliothèques spécialisees: des besoins différents. [in French] (Special libraries: different needs.) Bulletin d'Informations de l'Association des Bibliothécaires Français. 178 (1st Quarter) 1998, p.48-9. refs. ⟨Z55-C361⟩

14 Buttlar, L.; Garcha, R. Catalogers in academic libraries: their evolving and expanding roles. College and Research Libraries. 59 (4) Jul 1998, p.311-21. tbls. refs. ⟨Z55-A138⟩

15 Bybee, H. C.; Frade, P. A.; Hoffman, S. L.; Means, R. S.; Wu, P. S. Working the Web: WWW strategies for collection development and technical services. Technical Services Quarterly. 16 (4) 1999, p.45-61. refs.

16 Calvo, A. M. Structuring biographical data in EAD with the Nomen DTD. OCLC Systems and Services. 17 (4) 2001, p.187-99. il. tbls. refs.

17 CannCasiato, D. Authority and objectivity in a time of transformative growth: the future of the library catalog. Library Computing. 18 (4) 1999, p.295-9. refs.

18 Chen, K-h. The design for authority-control systems in digital libraries. [In Chinese] Bulletin of Library and Information Science. (34) Aug 2000, p.51-71. il. refs.

19 Connell, T. H. Effects of series authority control for acquisitions. Library Acquisitions:Practice and Theory. 22 (4) Winter 1998, p.393-407. tbls. refs. ⟨Z55-C245⟩

20 Covert, K. More than 100 participate in CORC Users Group Meeting. OCLC Newsletter. (247) Sep/Oct 2000, p.4-5. il. refs.

21 Danskin, A. The Anglo-American authority file: implementation of phase 2. International Cataloguing and Bibliographic Control. 27 (4) Oct/Dec 1998, p.72-3. refs. ⟨Z55-C87⟩

22 Danskin, A. International initiatives in authority control. Library Review. 47 (3 & 4) 1998, p.200-5. refs. ⟨Z55-A143⟩

23 Dherent, C. La normalisation dans les archives. Standardization in archives. Archives(Quebec). 31 (3) 1999-2000, p.21-47. refs.

24 Diallo, O. Fichiers d'autorité de l'Agence Bibliographique Nationale du Sénégal. [in French] (The Senegal National Bibliographic Agency authority lists.) L'Écluse. 12 (2) 2000, p.16-20. il.

25 DiLauro, T.; Choudhury, G. S.; Patton, M.; Warner, J. W.; Brown, E. W. Automated name authority control and enhanced searching in the Levy Collection. D Lib Magazine. 7 (4) Apr 2001, No page numbers. il. refs.

26 Dimec, Z. Vsi razlicni, vsi enakopravni: sprememba osnovnih nacel normativne kontrole. [in Slovenian] (All different, all equal: changing basic principles of authority control.) Knjiznica. 45 (1/2) 2001, p.55-69.

27 Ellero, N. P. Panning for gold: utility of the World Wide Web metadata and authority control in special collections. Library Resources and Technical Services. 46 (3) Jul 2002, p.79-84, 87-91. tbls. refs. ⟨Z55-A158⟩

28 Ferguson, B. MARC/AACR2/authority control tagging. Cataloging and Classification Quarterly. 29 (3) 2000, p.96-7. ⟨Z55-C384⟩

29 Forsythe, D. OCLC/WLN merger provides new opportunities for libraries. OCLC Newsletter. (239) May/June 1999, p.42-3.

30 French, J. C.; Powell, A. L.; Schulman, E. Using clustering strategies for creating authority files. Journal of the American Society for Information Science. 51 (8) Jun 2000, p.774-86. il. tbls. refs. ⟨Z55-A2⟩

31 Garcha, R.; Buttlar, L. Changing roles of catalCMuers in British academic libraries. Library Review. 48 (1 & 2) 1999, p.66-72. tbls. refs. ⟨Z55-A143⟩

32 Giappiconi, T. Les ressources bibliographiques de la BNF au service de la lecture publique: la politique bibliographique de la bibliothèque de Fresnes. [in French] (The bibliographic resources of the Bibliotheque Nationale de France in the service of public libraries: the bibliographic policy of the Fresnes Library Bulletin des Bibliotheques de France.) Bulletin des Bibliothèques de France. 43 (6) 1998, p.26-33. il. refs. ⟨Z55-A137⟩

33 Giappiconi, T. Public online access and management of documentary resources: a new role for authority files from national bibliographic agencies in local catalogs: the experience of the Fresnes Public Library. Cataloging and Classification Quarterly. 26 (4) 1999, p.33-42. il. tbls. refs. ⟨Z55-C384⟩

34 Gillman, P. National Name Authority File. Report to the National Council on Archives. British Library Research and Innovation Report. (91) 1998, 41pp. tbls. refs.

35 Greene, R.; Dean, B. OCLC Cooperative Online Resource Catalog: product news. OCLC Newsletter. (249) Jan/Feb 2001, p.40-1. il. refs.

36 Guerrini, M. Il catalogo di qualita. [in Italian] (A catalogue of quality.) Biblioteche Oggi. 18 (3) Jun 2000, p.6-17. refs.

37 Gundersen, R.; Brandshaug, R. BIBSYS - 25 years of library automation and co-operation in Norway. Vine. 108 1998, p.51-8. il. refs.

38 Hearn, S. S. Metadata structures and authority control. Technicalities. 19 (6) Jun/Jul 1999, p.7-9.

39 Heijligers, T. Structures of corporate name headings: final report of the Working Group on the Revision of FSCH (IFLA Section on Cataloguing). International Cataloguing and Bibliographic Control. 30 (3) Jul/Sep 2001, p.50-4. 〈Z55-C87〉

40 Hoffman, S. L. Current developments in authority control: a report of the LITA/ALCTS-CCS Authority Control in the Online Environment Interest Group Meeting. American Library Association Midwinter Meeting, Washington, DC, January 2001. Technical Services Quarterly. 19 (2) 2001, p.61-4. 〈Z55-D728〉

41 Hoffman, S. L. By what authority? How multiple sources of authority are changing our concept of control: a report of the LITA/ALCTS-CCS Authority Control in the Online Environment Interest Group meeting, American Library Association, San Francisco, June 2001. Technical Services Quarterly. 19 (4) 2002, p.63-5. 〈Z55-D728〉

42 Hoffmann, H. What's in a name? Pitfalls of outsourcing authority control. Cataloguing Australia. 25 (1/4) Mar/Dec 1999, p.94-8.

43 Holm, L. A. Authority control in an international context in the new environment. International Cataloguing and Bibliographic Control. 28 (1) Jan/Mar 1999, p.11-13. 〈Z55-C87〉

44 Holt, C. G.; Biella, J. Selected topics on Hebraica cataloguing from the Heb-NACO listserv. Judaica Librarianship. 10 (1-2) Spring 1999 - Winter 2000, p.21-8. il. refs. 〈Z55-D633〉

45 Honk, G. Cataloguing services for the next millennium. OCLC Newsletter. (242) Nov/Dec 1999, p.27-47. il.

46 Horn, M. E. 'Garbage' in, 'refuse and refuse disposal' out: making the most of the subject authority file in the OPAC. Library Resources and Technical Services. 46 (3) Jul 2002, p.92, 97-102. 〈Z55-A158〉

47 Hsueh, L. K.; Chuang, S. H.; Liu, C. L. The current status of the archival name authority files in Taiwan. [In Chinese] Bulletin of Library and Information Science. (41) May 2002, p.94-106. 〈Z21-AC84〉

48 Hu, J. Transactional analysis: problems in cataloging Chinese names. Illinois Libraries. 82 (4) Fall 2000, p.251-60. il. tbls. refs.

49 Huang, Y. L. A theoretic and empirical research of cluster indexing for Mandarin Chinese full text document.[In Chinese] Bulletin of Library and Information Science. (24) Feb 1998, p.44-68. il. tbls. refs.

50 Jensen, P.; Schulz, N.; Scott, M. The Griffith University Authority Control Project. Cataloguing Australia. 24 (1/2) Mar/Jun 1998, p.21-35. refs.

51 Kellsey, C. Trends in source of catalog records for European monographs 1996-2000: a preliminary study of Italian monographs. Library Resources and Technical Services. 45 (3) Jul 2001, p.123-6. tbls. refs. 〈Z55-A158〉

52 Kgosiemang, R. T. Retrospective conversion: the experience at the University of Botswana Library. Cataloging and Classification Quarterly. 28 (3) 1999, p.67-94. tbls. refs. 〈Z55-C384〉

53 Konovalov, Y. Cataloging as a customer service: applying knowledge to technology tools. Information Outlook. 3 (9) Sep 1999, p.25-7. 〈Z55-D730〉

54 Kriloff, C. Indexation de la musique et fichiers d'autorité: le point de vue pratique.[in French] (The indexing of music and authority files: the practical point of view.) Bulletin des Bibliothèques de France. 47 (2) 2002, p.90-2. tbls. 〈Z55-A137〉

55 Kulczak, D. E. Name authority work for OCLC copy cataloging: is it worth the effort? Cataloging and Classification Quarterly. 28 (1) 1999, p.69-81. tbls. refs. 〈Z55-C384〉

56 Kuo, E. The Chinese University of Hong Kong's contributions of records and authorities benefit other OCLC libraries. OCLC Newsletter. (252) Jul/Aug 2001, p.18-20. il.

57 Kushwah, S. S.; Jambhekar, A.; Gautam, J. N. Authority control: its requirement for maintaining quality in Indian bibliographic databases. SRELS Journal of Information Management. 39 (4) Dec 2002, p.395-407. tbls. refs. <Z55-B223>

58 Lam, K. T. XML and global name access. OCLC Systems and Services. 18 (2) 2002, p.88-96. il. refs.

59 Lam, V. T. Outsourcing authority control: experience of the University of Saskatchewan Libraries. Cataloging and Classification Quarterly. 32 (4) 2001, p.53-69. tbls. refs. <Z55-C384>

60 LC authority records now available online. Advanced Technology Libraries. 31 (11) Nov 2002, p.6-7. <Z51-K112>

61 Lieder, H. J. MALVINE and LEAF projects promote library sharing in Europe. OCLC Newsletter. (254) Nov/Dec 2001, p.9-10. il.

62 Marko, L.; Powell, C. Descriptive metadata strategy for TEI headers: a University of Michigan Library case study. OCLC Systems and Services. 17 (3) 2001, p.117-20. il.

63 McCain, C.; Shorten, J. Cataloging efficiency and effectiveness. Library Resources and Technical Services. 46 (1) Jan 2002, p.23-31. il. tbls. refs. <Z55-A158>

64 McGarry, D. Conference on 'actual problems of subject indexing and subject access systems'. International Cataloguing and Bibliographic Control. 27 (3) Jul/Sep 1998, p.58-9. <Z55-C87>

65 Medeiros, N.; McDonald, R. F.; Wrynn, P. Utilizing CORC to develop and maintain access to biomedical Web sites. Journal of Internet Cataloging. 4 (1/2) 2001, p.111-21. il. refs.

66 Mugridge, R. L.; Gabel, L. G. System migration: issues for catalog management. A report of the ALCTS CCS Catalog Management Discussion Group Meeting, American Library Association Annual Meeting, San Francisco, June 2001. Technical Services Quarterly. 20 (1) 2002, p.55-7. <Z55-D728>

67 Naudi, M.; Blondeau, F. Rameau en réseau sur le Web. Rameau networked on the Web. Bulletin des Bibliothèques de France. 45 (6) 2000, p.92-3. <Z55-A137>

68 NYPL contracts with WLN for authority control services. Advanced Technology Libraries. 27 (1) Jan 1998, p.6-7. <Z51-K112>

69 OCLC combines OCLC, WLN Authority Control services. Advanced Technology Libraries. 28 (7) Jul 1999, p.7. <Z51-K112>

70 OCLC CORC project. OCLC Newsletter. (239) May/June 1999, p.27-41. il.

71 OCLC, WLN begin merger negotiations. Advanced Technology Libraries. 27 (11) Nov 1998, p.1, 8. <Z51-K112>

72 Paluszkiewicz, A. Rola centralnej kartoteki haseł wzorcowych.[in Polish] (The importance of union authority files.) Przeglad Biblioteczny. 67 (3) 1999, p.149-55. Refs. <Z55-D39>

73 Patton, G. Local creation/global use: bibliographic data in the international arena. Library Resources and Technical Services. 44 (3) Jul 2000, p.141-5. refs. <Z55-A158>

74 Riemer, J. J. Adding 856 fields to authority records: rationale and implications. Cataloging and Classification Quarterly. 26 (2) 1998, p.5-9. refs. <Z55-C384>

75 Rousseaux, O. RAMEAU...a la croisée des chemins? [in French] (RAMEAU...at the crossroads?) Bulletin d'Informations de l'Association des Bibliothécaires Français. 178 (1st Quarter) 1998, p.44-6. <Z55-C361>

76 Russell, B. M.; Spillane, M. Using the Web for name authority work. Library Resources and Technical Services. 45 (2) Apr 2001, p.73-9. il. refs. <Z55-A158>

77 Saltzman, A. B. Art slide sets: online access. LLA Bulletin. 61 (2) Fall 1998, p.68-71. tbls. refs.

78 Scolari, A. Efficacia vs facilita? [in Italian] (Effectiveness versus user-friendliness?) Biblioteche Oggi. 17 (5) Jun 1999, p.18-26. refs.

79 Scott, P. Authority control and the local catalogue. Cataloguing Australia. 25 (1/4) Mar/Dec 1999, p.105-113. tbls. refs.

80 Seljak, M.; Seljak, T. The development of the COBISS system and services in Slovenia. Program. 36 (2) 2002, p.89-98. il. refs. <Z55-B182>

81 Shmitiene, G. The system of libraries in Lithuania. Nordinfo Nytt. (2) 2000, p.11-18.

82 Sigrist, B.; Patzer, K.; Pagel, B. 400,000 laufende Zeitschriften in der ZDB: GKD-und ZDB-spezifische Probleme im Falle eines Umstiegs des Deutschen Regelwerks und Formats auf AACR2 und MARC21.[in German] (400,000 current periodicals in the ZDB: GKD- and ZDB-specific problems in cases of adaptation of German rules and formats to AACR2 and MARC21.) Bibliotheksdienst. 36 (4) Apr 2002, p.469-84. refs. 〈Z55-C472〉

83 Snyman, M. M. M.; van Rensburg, M. J. Reengineering name authority control. Electronic Library. 17 (5) Oct 1999, p.313-22. il. tbls. refs. 〈Z55-D295〉

84 Snyman, M. M. M.; van Rensburg, M. J. NACO versus ISAN: prospects for name authority control. Electronic Library. 18 (1) 2000, p.63-8. tbls. refs. 〈Z55-D295〉

85 Snyman, R. The standardisation of names to improve quality and co-operation in the development of bibliographic databases. Libri. 50 (4) Dec 2000, p.269-79. il. refs. 〈Z55-A139〉

86 Staincliffe, P. Authority control goes global: National Library of New Zealand Bibliographic Services participation in NACO. New Zealand Libraries. 49 (7) Sep 2002, p.242-7. il. refs.

87 Suarez, B. C.; Candia, E. F. Il sistema Web per la consultazione die fondi dell'Archivio Storico della Camera dei Deputati.[in Italian] (The Web system for accessing the Historical Archive fonds of the Italian Chamber of Deputies.) Archivi and Computer. 10 (2) 2000, p.105-19. il. refs.

88 Syren, A. P. Cartographie des hommes illustrés: vers une liste d'autorité des 'personalia'.[in French] (A cartography of illustrious men: towards an authority list of 'personalia'.) Bulletin des Bibliothèques de France. 45 (2) 2000, p.87-91. 〈Z55-A137〉

89 Theimer, S. When a 21st century user meets a 20th century OPAC: how word choice impacts search success. PNLA Quarterly. 66 (3) Spring 2002, p.11-12, 23. refs.

90 Tillet, B. B. Authority control at the international level. Library Resources and Technical Services. 44 (3) Jul 2000, p.168-72. il. refs. 〈Z55-A158〉

91 Tsui, S. L.; Hinders, C. F. Cost-effectiveness and benefits of outsourcing authority control. Cataloging and Classification Quarterly. 26 (4) 1999, p.43-61. il. refs. 〈Z55-C384〉

92 Tsui, S. L.; Mushenheim, C. Outsourcing to OCLC: three cataloging projects of the University of Dayton's Marian Library. Journal of Educational Media and Library Sciences. 37 (2) Dec 1999, p.145-64. tbls. refs.

93 Vassie, R. Improving access in bilingual, biscript catalogues through Arabised authority control. Online Information Review. 24 (6) 2000, p.420-8. refs. <Z53-W134>

94 Vellucci, S. L. Metadata for music: issues and directions. Fontes Artis Musicae. 46 (3-4) Jul-Dec 1999, p.205-17. il. refs.

95 Vellucci, S. L. Metadata and authority control. Library Resources and Technical Services. 44 (1) Jan 2000, p.33-43. il. refs. <Z55-A158>

96 Vellucci, S. L. Music metadata and authority control in an international context. Notes. 57 (3) Mar 2001, p.541-54. refs. <Z52-C206>

97 Vestbøstad, P. Autoritetsfilar nok ein gong? [in Norwegian] (Authority files again?) Synopsis. 33 (1) Feb 2002, p.37-8. Il. Refs. <Z55-C482>

98 Wang, Y. A look into Chinese persons' names in bibliography practice. Cataloging and Classification Quarterly. 31 (1) 2000, p.51-81. <Z55-C384>

99 Weber, J. Cooperation in practice: MALVINE and LEAF. Gateways to Europe's cultural heritage. International Cataloguing and Bibliographic Control. 30 (2) Apr/Jun 2001, p.28-31. <Z55-C87>

100 Weinberg, B. H.; Aliprand, J. M. Closing the circle: automated authority control and the multiscript YIVO catalog. International Cataloguing and Bibliographic Control. 31 (3) Jul/Sep 2002, p.44-7. <Z55-C87>

101 Weitz, J. Libraries convert from Wade-Giles to Pinyin. OCLC Newsletter. (250) Mar/Apr 2001, p.18-19. il. refs.

102 Wells, K. L. Authority control in Mississippi public and academic libraries: a survey. Technical Services Quarterly. 18 (2) 2000, p.1-14. tbls. refs. <Z55-D728>

103 Willer, M. UNIMARC/Authorities. International Cataloguing and Bibliographic Control. 28 (2) Apr/Jun 1999, p.48-50. <Z55-C87>

104 Wisniewski, J. Authority work, Internet resources, and a cataloguer's home page. Art Documentation. 17 (1) 1998, p.45-6. refs.

105 Wool, G. On pins and needles: using structured metadata for collocation and browsing capability. Serials Librarian. 41 (3/4) 2002, p.169-76. refs. 〈Z55-C232〉

106 Wu, C. J. Mapping the Chinese MARC format for authority records to the Dublin core. [In Chinese] Bulletin of Library and Information Science. (30) Aug 1999, p.45-67. tbls. refs.

107 Yu, A. J. The future of authority control for CJK name headings. Journal of the Hong Kong Library Association. (17) 1999, p.79-86. il.

108 Zhang, S. L. Planning an authority control project at a medium-sized university library. College and Research Libraries. 62 (5) Sep 2001, p.395-405. tbls. refs. 〈Z55-A138〉

109 北 克一；村上 泰子. 電子図書館における著作権典拠管理ファイルの機能に関する一考察. 整理技術研究 (通号40) [1998.07] p.23〜35.〈Z21-638〉

110 志保田 務；北 克一. "実例"を軸とした目録研究法の検討--山田常雄著「著者書名目録の機能と標目」を軸に. 資料組織化研究 (通号46) [2002.7] p.1〜16.〈Z21-638〉

111 菅野眞照. 図書館のコンピュータに入るものは何？：マークと発注業務. 図書館の学校 (通号14) [2001] p.32〜34.〈Z21-D499〉

112 東京都立中央図書館収集整理課編. 図書の収集整理業務について. ひびや (通号150) [2001] p.33〜38.〈Z21-112〉

113 兎内勇津流. NII総合目録データベースにおける著者名典拠ファイルの形成過程. 第51回日本図書館情報学会研究大会発表要綱 [2003.10] p.133〜136.〈Z21-1568〉

114 松井 幸子. 書誌情報データベースにおける著者同定子と著者名典拠ファイル--計量書誌学的分析の前提として. 図書館短期大学紀要 (通号15) [1978] p.85〜108.〈Z21-196〉

115 松井 幸子. 遡及的書誌情報データベースの作成のためのファイル統合. 図書館短期大学紀要 (通号18) [1980] p.27〜43.〈Z21-196〉

116 松井 幸子. 米国議会図書館の名前典拠ファイルと典拠フォーマットの構造-1-. 図書館情報大学研究報告 6巻2号 [1987] p.13〜28.〈Z21-1277〉

117 松井 幸子. 米国議会図書館「典拠テープ」累積版(名前および件名)の内容調査. 情報の科学と技術 37巻12号 [1987.12] p.545〜554.〈Z21-144〉

118 松井 幸子. 米国議会図書館の名前典拠ファイルと典拠フォーマットの構造-2-〔英文〕. 図書館情報大学研究報告 7巻1号 [1988] p.1～25.〈Z21-1277〉

119 松井 幸子. 遡及的書誌情報データベース編成におけるLC名前典拠ファイルの有効性〔英文〕. 図書館情報大学研究報告 8巻1号 [1989] p.157～170.〈Z21-1277〉

120 三浦 敬子;松井 幸子. 欧米における著者名典拠ファイルの共同作成の動向. 日本図書館情報学会誌 47巻1号(通号145) [2001.8] p.29～41.〈Z21-133〉

121 三浦 敬子;松井 幸子. NACSIS-CATの著者名典拠ファイルの内容分析. 第49回日本図書館情報学会研究大会発表要綱 [2001.10] p.35～38.〈Z21-1568〉

122 山口洋;石川巌. 中国語図書における漢字表記されたチベット人名--目録作成上の問題として. 日本図書館情報学会誌 45巻2号(通号138) [1997.7] p.74～82.〈Z21-133〉

●国際会議

1 Authority Control in the 21st Century : An Invitational Conference. Dublin, Ohio.　March 31 - April 1, 1996.
 ＜http://www.oclc.org/oclc/man/authconf/procmain.htm＞ (last access 2004/04/02)

2 International conference authority control : definition and international experiences. Florence, Italy.　February 10 - 12, 2003.
 ＜http://www.unifi.it/biblioteche/ac/en/home.htm＞ (last access 2004/04/02)

> 視覚障害その他の理由でこの本を活字のままでは読むことができない人の利用に供するために、この本をもとに録音図書（音声訳）、拡大写本又は電子図書（パソコンなどを利用して読む図書）の作成を希望される方は、国立国会図書館まで御連絡ください。
>
> 連絡先　国立国会図書館総務部総務課
> 　　　　住所　〒100-8924　東京都千代田区永田町1-10-1
> 　　　　電話番号　03-3506-3306

第4回書誌調整連絡会議記録集

名称典拠のコントロール

定価：本体1,300円（税別）

2004年5月31日発行　　初版第1刷発行

編集　　国立国会図書館書誌部
発行　　社団法人　日本図書館協会
　　　　〒104-0033
　　　　東京都中央区新川1-11-14
　　　　Tel 03-3523-0812
印刷　　中央印刷株式会社

JLA200408

ISBN4-8204-0407-5 C3300 ¥1300E

本文用紙は再生紙を使用しています